KB249677

대학 한국어 Ⅰ

듣기와 말하기

대학 한국어 I

들기와 말하기

김경원 이금희 신영지 배선애 현재원 지음

성균관대학교
출판부

머리말

21세기에 접어들면서 '세계화'는 인류 문명의 화두가 되다시피 하였다. 지식사회의 지형이 바뀌고, 대학의 고등교육의 차원에서도 국경을 넘나드는 인적·지적 교류가 활발해지고 있다. 한국에서도 대학이나 대학원에 입학하는 외국인 유학생들의 숫자가 해가 다르게 늘어나고 있으며, 실제로 많은 대학에서도 외국인 유학생들을 수용하고자 적극적인 노력을 기울이고 있다.

그러나 이러한 겉보기와 달리 이들을 위한 교육 정책이나 교육 과정이 아직 미비한 것은 유감스러운 일이다. 일례로 외국인 유학생들이 대학 과정을 원활히 이수할 수 있게 개설된 교과목이나 교재의 개발이 극히 미미한 점을 들 수 있다. 이런 상황에서 외국인 학생들은 정상적으로 대학의 교양과목을 이수할 수도 없고, 전공 지식을 습득하는 데에도 많은 어려움을 겪고 있다. 한국어는 대부분의 국가에서 주력 외국어가 아니기 때문에 국내 유학생들의 대다수는 한국에 와서야 비로소 대학 부설 어학 연수 기관 같은 곳에서 한국어를 배우기 시작한다. 그러나 한국어 학습자 대부분이 대학 생활에 필요한 특화된 교육을 받지 못하고 있는 것이 현실이다. 외국인 학생들은 일반적 목적의 한국어 교육 과정에서 주로 구어에 중점을 둔 의사소통을 강조하는 교육을 받아 왔기에 대학 수학에 필요한 언어 능력이 상당 부분 결여되어 있다.

외국인 학생들에게 한국어 구사 능력은 실생활에서 필요할 뿐만 아니라 대학의 학업에서도 그 성패를 좌우하는 불가결한 기본 수단이다. 그러나 실제로 학문 목적 한국어가 취약하여 학업을 계속해 나갈 수 없거나 학업에 심각한 어려움을 겪는 사례가 많은 것으로 나타나고 있다.

이에 많은 대학들이 전공과목을 수강하기 전 단계의 교육 과정을 마련하여 외국인

학생들을 위한 학술적 교육이 원활하게 진행될 수 있도록 하고 있다. 그러나 현재 이러한 교육 과정에 걸맞은 교재들이 별로 없어 그 집필이 절실히 요구되고 있는 시점이다.

이에 성균관대학교 학부대학에서는 외국인 유학생들의 원활한 한국어 교육을 위하여 『대학한국어Ⅰ·Ⅱ』를 출간하게 되었다. 첫 번째 권은 '듣기와 말하기'에, 두 번째 권은 '읽기와 쓰기'에 각각 중점을 두었다. 대학(원)에 입학한 외국인 학생들이 이 두 권의 책을 통해 대학에서 수학하는 데 도움이 되고 유학생활이 보다 나은 미래를 위한 도약기가 될 수 있다면, 이 교재를 펴내는 의의가 클 것이다. 유학생들의 대학 수학 능력 함양에 실질적인 도움이 되기를 진심으로 바라는 바이다.

마지막으로 이 교재 개발을 주도하며 남다른 노력을 기울여 주신 김경원 교수와 이 작업에 참여하신 학부대학의 여러 초빙 교수님들의 노고에 감사의 말씀을 전한다. 아울러 번거로운 일을 마다 않고 적극 협조해 주신 성균관대학교 출판부 여러분께도 감사의 인사를 전한다.

2010년 5월
성균관대학교 학부대학 학장 손 동 현

일러두기

   본 교재는 학문 목적의 한국어를 학습하는 외국인 학습자를 대상으로 한다. 이 교재는 일반 목적 한국어 교육의 교재와 변별되는 것으로 학문 목적 한국어를 기반으로 하여 구성되었으며, 대학에서 수학하기를 희망하는 외국인 유학생 등을 위해 듣기와 말하기 능력 향상에 중점을 두어 집필되었다. 학습자들은 이 교재를 통해 전문적이고 학술적인 지식을 습득하기 위한 말하기와 듣기 기술을 익히고 대학에서 학습하는 기본적인 교양과 관련된 내용들을 학습하게 될 것이다. 이는 대학 입학 전에 습득한 일상적인 한국어 실력에 더욱 향상된 학술적인 한국어 실력으로 원활한 대학 수학 능력을 가지게 하려는 하는 데 그 목적이 있다.

   이 교재는 주제 영역과 기술 영역을 결합해 효과적으로 교양과정의 지식, 학술적인 한국어 어휘, 학술적 말하기와 듣기 능력을 습득하도록 구성되었다. 지문을 읽고 제시된 기능 습득을 위한 활동과 그것을 통한 학술적인 말하기, 듣기 수행 과정을 통해 학습자들이 스스로 발표하고 보고서 작성을 수행할 수 있도록 하였다.

   이 교재는 학습자들이 다양한 분야의 지문을 단계적으로 이해하고 심화할 수 있도록 유도하였고, 내용 이해뿐만 아니라 더 나아가 비판적인 사고, 토론, 발표라는 과정을 통해 학문적인 학습을 수행할 수 있도록 하였다.

   각 단원의 주제는 대학의 기능, 리더십, 대중매체, 역사와 전통, 언어와 문화, 경제와 사회, 인간과 자연, 미래 사회의 8개 권역으로 나누어 전공 학습에 관련된 다양한 전문용어에 노출될 수 있도록 했다. 또한 기능 면에서는 〈강의 듣고 노트 필기하기〉, 〈문어와 구어의 차이〉, 〈토론하기〉, 〈보고서〉 등을 제공하여 학습자들의 학문 활동을 도우려 했다.

교재의 각 단원의 구성은 아래와 같다.

〈도입〉은 해당 단원에서 학습할 내용을 이끌어내는 역할을 한다. 그림, 사진, 그래프 등 시각 자료를 활용하여 주제와 관련된 화제를 이끌어내어 단원을 준비하는 기능을 한다.

〈읽고 말하기〉는 지문을 통해 주제에 대한 기본 지식을 제공하고, 각 단원의 기능을 수행할 수 있도록 했으며 토의와 토론, 발표에 기반이 될 수 있는 내용을 실었다.

〈듣고 말하기〉는 주제와 관련된 연설문, 신문 기사, 토론, 논문 등의 내용을 통해 주제를 심화시켰고, 듣기 능력을 향상시킴은 물론 다음 단계인 토의, 토론의 기능을 강화할 수 있게 했다.

〈토론하기〉는 읽기와 듣기에서 심화된 주제와 관련성이 있으며 자신의 비판적인 의견을 제기해 볼 만한 내용을 제시하였다. 이를 통해 대학에서 수행하는 말하기 형식을 익히고 연습할 수 있게 했다.

〈발표하기〉는 주제에 관해 자신의 의견을 조리 있게 기술한 후에 여러 사람 앞에서 발표할 수 있게 하여 향후 대학교, 대학원에서 진행되는 학습 활동에 도움이 되고자 하였다.

교재구성

단원	제목	기능	듣기 세부 내용	말하기 세부 내용
1	대학의 기능	• 강의 듣기와 요약 • 토의하기	• 대학의 기능에 대한 설명 • 대학생들의 의식에 관한 기사	• 대학 생활에서의 목표 정하기 • 대학 기부금 입학제에 대해 토의하기
2	개인과 사회	• 구어와 문어의 차이 • 비판적인 글쓰기	• '성공하는 대학생들의 주도적 리더십'에 대한 연설 • 비판적인 사고에 대한 필요성	• 리더십의 자질 토의하기 • 성공적인 리더십을 발휘한 사람 조사 · 발표하기
3	대중 매체와 인간	• 토론하기 • 비판하고 주장하기	• TV의 영향력에 대한 설명 • 뉴스의 사실성과 왜곡성에 대한 설명문	• 대중매체의 긍정, 부정적인 영향에 대해 토론하기 • 영화 비평에 대해 토론하기
4	역사와 전통	• 설명하기, 논증하기, 비판하기 • 시험 답안 작성하기	• 동양화와 서양화의 차이 • '질병은 역사를 만든다'는 주장	• 한국의 문화와 전통을 이해하고 설명하기 • 자신의 역사 중에 현대에 교훈을 주는 사건을 말하기

단원	제목	기능	듣기 세부 내용	말하기 세부 내용
5	언어와 문화	• 주제 정하기	• 통신 언어의 특징에 대한 설명 • 영어공용화에 대한 시사 토론	• 통신언어의 실태와 영향에 대해 토의하기 • 영어공용화와 자국의 언어 보호 정책에 대해 토의하기
6	경제와 사회	• 보고서 작성법	• 인플레이션과 환율에 대한 설명 • 금융위기에 대한 기사	• 금융 위기에 대해 설명하기 • 실업의 원인과 해결 방법에 대해 토의하기
7	인간과 자연	• 발표하기	• 한반도의 기후변화에 대한 신문 기사 • 저탄소 녹색 성장에 대한 논평	• 환경 문제에 대해 토의하기 • 자연과 인간의 공존하는 방법에 대해 토의하기
8	미래 사회	• 프리젠테이션 하기	• 유비쿼터스와 미래 사회에 대한 설명 • 비즈니스 노마드에 대한 기사	• 미래 사회에 대해 전망하기 • 미래사회에 발생할 수 있는 문제점 토의하기

심청젼이라

송나라 말년의 황쥬도 화동의 호사룸이 잇스되 셩
은 심이요 명은 학규라 누세잠영지죡으로 문명이
자々터니 가운이 영체ᄒᆞ야 이십안ㄴ밍ᄒᆞ니 낙슈어
청운의 벼살이 근어지고 금장자슈의 공명이 무어
스니 향곡의 픈호 신세원근 친쳑업고 겸농여 안밍
ᄒᆞ니 뉘라셔 접뒤ᄒᆞ랴마는 양반의 후예 힝실이 청
염ᄒᆞ고 지조가 강기ᄒᆞ니 사룸마다 군자라 ᄒᆞ더
라 그쳐 팍씨부인 현쳘ᄒᆞ야 임사의 덕힝이며 장강
의 고음과 목난의 젼거와 예기가례 늬척편이며 주
남소난 판겨시 물을 거시업스니 일이의 화목ᄒᆞ
고 노복의 운의ᄒᆞ며 가산범졀ᄒᆞ미 빅집사가 판이
라 이졔의 청염이며 안연의 간난이라 쳥젼구업바이

한국 고전소설 『심청전』의 첫머리

차례 Contents

대학의 역할과 기능

• 강의 듣기와 요약

- 대학 생활의 목표에 대해 토의한다.
- 여러 의견을 읽고 자신의 의견을 제시한다.
- 학술적인 내용을 듣고 노트 필기를 체계적으로 한다.
- 노트 필기한 내용을 다시 서술문으로 기술한다.

- 대학의 기능에 대한 입장이 다른 글을 읽는다.
- 대학의 기능에 대해 토의한다.
- 대학 생활에서의 자신의 목표에 대해 글을 쓴다.
- 강의를 듣고 노트 필기를 해 본다.

도입 대학의 목적은 무엇인가?

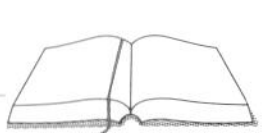

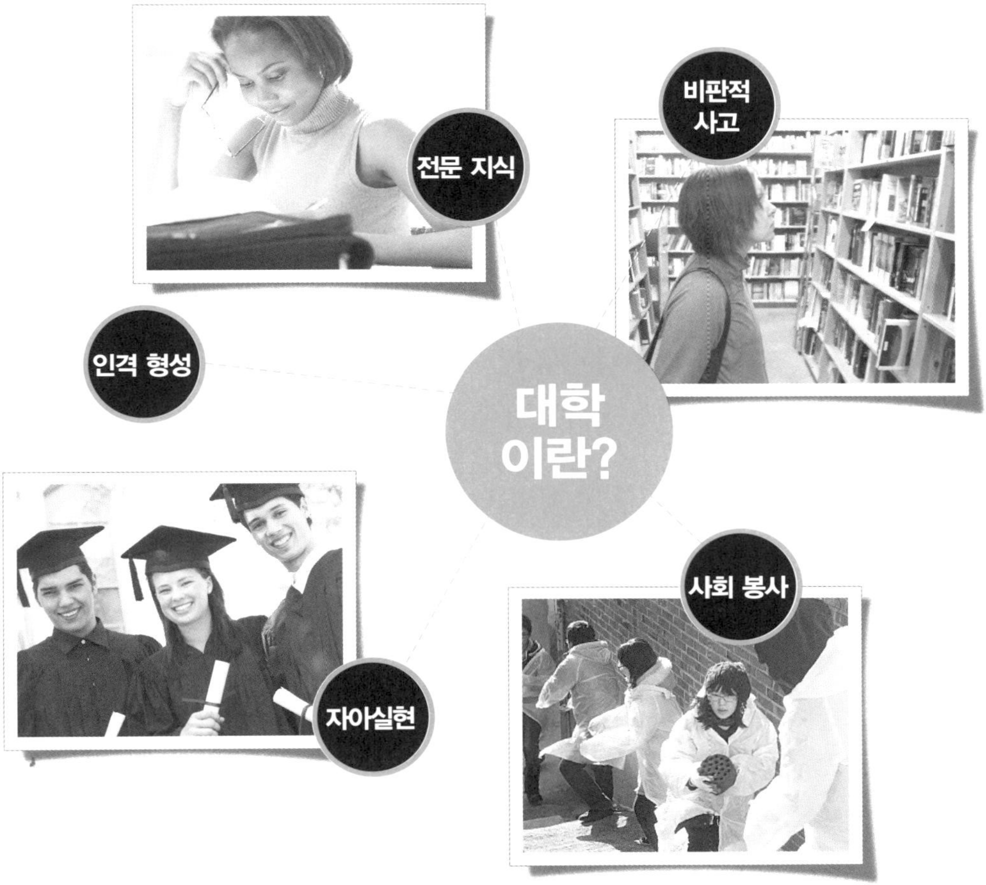

생각해 보기

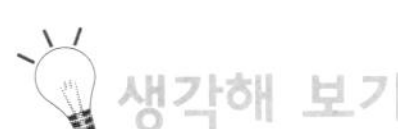

- 여러분이 대학에 다니는 목적은 무엇입니까?
- 대학에서 꼭 해야 할 것은 무엇이라고 생각합니까?

 대학의 역할과 기능은 무엇인가?

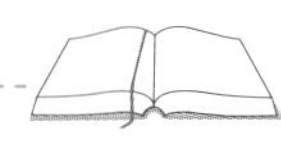

● 다음 글을 읽고 각 의견의 주된 주장이 무엇인지 요약하고, 자신의 의견을 제시해 보시오.

(가) 대학이 처음 등장한 것은 13세기 서유럽에서였다. 대학은 그 전에는 존재하지 않았던 새로운 조직이었으나 아무런 기반 없이 탄생한 것은 아니었다. 영주에게 귀속된 농노가 아니라 자유민이었던 도시 시민들은 상업 활동을 통해 부를 축적한 사람들이었다. 경제적인 능력을 갖춘 이들이 그 다음으로 원한 것은 사회적인 신분 상승이었으며, 학교를 통한 지식의 습득이 그 수단이 되었다.

대학을 졸업하여 사회적 상승을 꾀했던 과거 중세인들의 모습에서 우리는 대학이 애초부터 사회적으로 유용한 수단으로서의 지식을 제공하는 기능을 했음을 알 수 있다. 즉 입학생들에게는 사회적인 신분의 상승을 이룰 수 있게 하고, 지배 세력에게는 효율적으로 통치할 수 있게 했다. 이것은 대학이 어떤 곳이어야 하느냐는 물음에 큰 시사점을 준다. 대학이 학문을 배우는 것과 동시에 실용적 지식을 제공하는 곳이라면 현재의 대학이 자본과 학생들의 요구에 충실한 것도 당연한 결과이기 때문이다. 또한 중세의 예에서 알 수 있듯이 그런 교육은 한 사회의 체제를 유지해 나갈 인물들을 양성하는 일종의 긍정적 효과를 낳는다. 그러므로 진리의 추구 못지 않게 실용적인 지식을 제공하는 것도 대학의 본질적인 역할이자 기능인 것이다.

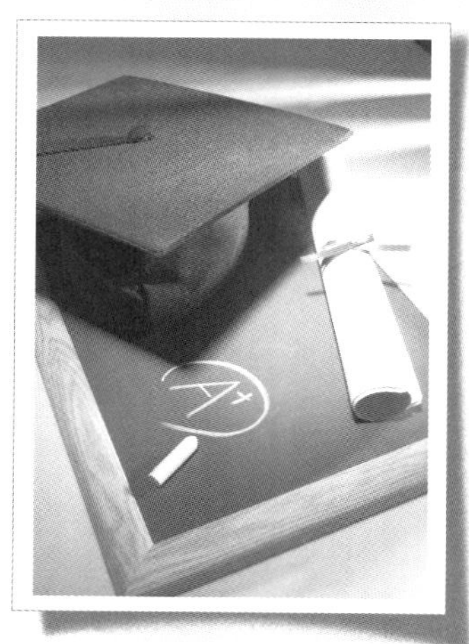

(나) 오늘날 대학은 인문학과 같은 '순수 학문'에의 투자가 적어지고 기업의 입맛에 맞는 인재만을 양성

하려 하고 있다. 이런 환경에서 학생들이 비판적 인식과 대안 제시 능력을 갖춘 지식인, 혹은 근대적인 상식을 갖춘 시민으로 클 수는 없을 것이다. 현 사회의 모순이 무엇인지, 비판할 만한 점은 무엇인지 분석하는 능력은 한 분야만의 교육으로는 갖춰질 수 없는 것이기 때문이다. 이런 점들을 고려해 보면 현실적으로 현재 대학의 역할과 기능은 전반적인 교양 수업을 통한 비판 의식과 건전한 상식을 갖춘 시민의 양성이 아니라, 기업에서 요구하는 이윤 창출의 도구로서의 인재를 배출하는 문제점을 안고 있다.

단어와 표현

기반, 교양, 농노, 대안, 본질적인, 시사점, 양성, 이윤, 인재, 애초부터, 자유민, 조직, 중세인, 지배, 진리, 창출, 추구, 통치, 효율적

고려하다, 꾀하다, 귀속되다, 배출하다, 양성하다, 제공하다, 축적하다, 탄생하다

1 중세 시대와 현대 시대의 대학의 기능은 무엇인가?

2 중세 시대에 대학이 나온 배경은 무엇인가?

3 현대 대학이 갖는 문제점은 무엇인가?

4 윗글을 종합해 볼때, 대학 교육이 가져야 할 목표나 기능이 무엇인지 토의하고 의견을 정리해 발표해 보시오.

▬ Tip ▬

● **의견을 종합할 때 자주 쓰는 표현**
- 우리 조의 의견을 종합하면…
- 조원들의 의견을 종합해 보면…

● **의견을 추가할 때 자주 쓰는 표현**
- ○○씨의 말씀/의견에 한 가지 덧붙이자면…
- 좀 전에 하신 말씀에 덧붙여 말하면…
- 거기에 덧붙여서…
- 또 하나 빼놓을 수 없는 것이…

 대학의 역할과 기능

track 2

● 다음을 잘 듣고 물음에 답하시오.

1 대학의 주요 기능이 아닌 것은 무엇인가?

① 교육　　　② 연구　　　③ 기술자 양성　　　④ 사회 봉사

2 현대 대학들의 모습이 아닌 것을 고르시오.

① 교양 교육의 실시를 소홀히 한다.
② 기술자 기능인 양성에 주력한다.
③ 인격체로서의 인간 형성을 우선적으로 전제한다.
④ 전통적 인문 과목을 경시하는 경향을 보인다.

3 이 내용의 주제문을 생각해 보시오.

요즘 대학생, 그들의 관심사는?

● 다음 글을 읽고 물음에 답하시오.

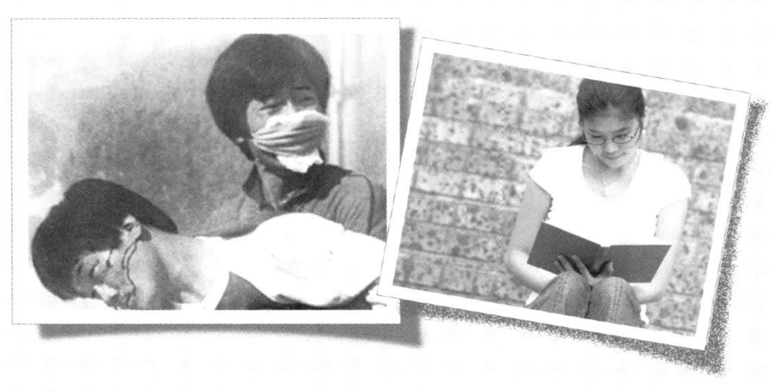

연세대 최평길 명예교수 연구팀이 지난 30년간 대학생들의 의식 흐름을 추적 조사한 결과 1987년과 1993년 대학생의 당면 과제는 반독재 민주주의와 부정부패 항거 등 정치적 운동이었으나, 20여 년 만에 대학생들의 관심사가 '개인 문제'로 역전됐다. 이 같은 변화는 연구팀이 1977년, 1987년, 1993년, 2005년에 각각 전국 대학생 1500∼3000명을 대상으로 대학 생활, 국내외 문제에 대한 인식, 학생운동에 대한 시각 등을 심층 면접한 결과 나타났다.

최 교수 연구팀의 조사 결과, 과거에는 민주화 등 정치적·이념적 이슈에 주로 매달렸지만 2005년에 학생운동을 관심사로 꼽은 대학생은 0.9%로 100명 중 1명 꼴도 안 된다. 그 대신 전공 학과 공부(34.5%), 취직(29.5%), 인간관계(26.2%) 등이 주요 관심사였다. 학생운동은 이제 공감의 대상도 아니다. 1987년에는 10명 중 8명 꼴로 학생운동에 '심정적 동의'를 보냈으나, 2005년에는 3.5명 꼴에 불과했다. 이에 반해 학생운동에 대해 부정적으로 생각하는 비율은 1987년 13.5%, 1993년 5.7%에서 2005년 18.8%로 늘었다. 특히 P세대의 44.7%가 학생운동에 대해 '잘 모르겠다'고 답했다.

학내 문제에서도 '학생들의 의사 결정 참여' 같은 명분에 관한 문제보다 '복지 시설 개선'과 '장학금 수혜 확대' 등 실질적 문제에 대한 관심이 커졌다.

기부금 입학에 대해서도 계층 간 위화감 같은 도덕적 명분보다는 재정 확보 등 실용성에 무게를 두는 쪽으로 시각이 달라졌다.

　　1993년 조사에서는 49.6%가 기부금 입학에 반대했지만, P세대는 35.2%만 반대했다. 대학이 자율적으로 실시해야 한다는 의견은 1993년 21.9%에서 36%로 늘었다.

　　최 교수는 이 같은 조사 결과를 『P세대-대학생 진화론, 실용파 세대의 코드를 읽는다』란 책으로 곧 펴낸다. 30년간 한 연구팀이 일관되게 대학생 의식 변화를 추적 조사한 것은 이번이 처음이다.

• 윤완준 기자, 「동아일보」, 2006년 7월 13일자

 단어와 표현

공감, 기부금 입학, 당면과제, 명분, 명예교수, 반독재 민주주의, 부정부패, 수혜, 심정적, 심층, 의식, 재정, 지율적, 추적, 항거, 확보

매달리다, 무게를 두다, 불과하다

1 이 글은 무엇에 대한 글인가?

2 1987, 1993, 2005년에 대학생들은 무엇에 관심이 가장 많았는가?

3 이렇게 연도별로 변화가 생긴 원인과 이유는 무엇이라고 생각하는가?

5 자신이 대학에서 가장 관심을 두고 있는 문제는 무엇인가?

━ Tip ━

● **의견을 제시할 때 자주 쓰는 표현**
  • **제가 생각하기에는 −다고 봅니다.**
    제가 생각하기에는 대학생들의 의식 변화는 사회적인 변화 때문에 생겼
    다고 봅니다. 좀더 자세히 말씀드리자면……

  • **제 의견을 말씀드리자면/ 제 생각을 말씀드리자면**
    제 의견을 말씀드리자면 목표 달성을 위해 비합법적인 방법을 쓰는 것은
    문제가 있다고 봅니다.

● **다른 의견을 제시할 때 자주 쓰는 표현**
  • **−기는 하지만/ −다는 점은 인정하지만/ −다는 점은 설득력이 있지만 저
    는 −다고 생각합니다.**
    취업이 어렵다는 점은 인정하지만 대학에서의 공부를 취업 준비로 일관
    하는 것은 문제가 있다고 봅니다.

  • **관점(견해/가치관)에 따라 다를 수 있지만 저는 −다고 생각합니다.**
    견해에 따라 다를 수 있겠지만 저는 대학 생활에서 실용적인 공부도
    필요하다고 생각합니다.

대학생의 의식 변화

● 다음을 잘 듣고 물음에 답하십시오.

1 다음 표의 빈 곳을 완성해 보시오.

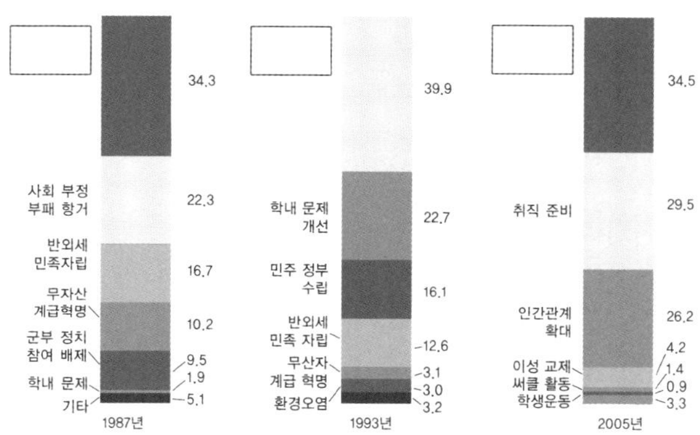

2 P세대가 이전 세대보다 어려움이 닥쳤을 때 목표를 수정하겠다는 의견이 많다는 내용에 대해 어떻게 보아야 할 것인가?

　① 의지력이 부족하다.
　② 젊은 세대는 목표 의식이 없다.
　③ 상황에 따라 유연하게 대처하는 것이라고 볼 수 있다.
　④ 책임감이 없는 행동이다.

3 들은 내용과 다른 것을 고르시오.

　① 1970년대 학생들보다 2000년대 학생들이 정치에 관심이 없다.
　② 요즘 젊은 세대들은 경제 침체로 취업이 어려워져 취업에 관심이 많다.
　③ P세대는 운동권 출신 정치가에 대해 긍정적인 평가를 하고 있다.
　④ 이전 세대보다 요즘 젊은 세대는 북한에 대해 적대감이 줄어들었다.

목표 달성을 위해 어떤 방법을 쓰겠는가?

1 목표를 달성하기 위해 어떤 방법을 써야 한다고 생각합니까? 둘 중에 하나를 선택하고 그 이유를 말해 봅시다.

목표 달성을 위해 합법적인 방법을 써야 한다.

VS

경우에 따라 비합법적인 방법을 사용할 수 있다.

2 다음 내용을 참조하여 '기부금 입학'에 대한 '찬성'과 '반대' 입장을 정하고 토론을 해 봅시다.

대학 발전을 위해 기부금 입학을 허용해야 한다.

형평성을 위해 기부금 입학을 허용하면 안 된다.

- 한국 사립대학은 정부 보조금이나 재단 전입금의 비율이 아주 낮아 교육 서비스의 질적 향상이 필요하다.
- 사회주의 국가인 러시아에도 기부금 입학생과 그 덕분에 등록금이 면제된 학생이 기숙사에서 한 방을 쓰면서 서로 만족해하는 대학도 있었다고 한다.
- 사립대학의 재정 확충, 대학의 자유를 포함한 자율성 확보, 이공계 영역의 국제 경쟁력 강화 등에서 꼭 필요한 제도이다.

- 대학 입학에 실력이 아닌 다른, 특히 금전적 요소를 도입하는 것은 국민 사이의 위화감을 조성할 뿐이다.
- 자신의 실패를 스스로에게 책임 지우지 않고 부모의 경제력 탓으로 돌리게 되는 사회는 결코 건전한 사회가 아니다.
- 교육에 기부된 재산이 재단의 사적 이익을 도모하는 데에 이용될 수도 있다.
- 국제 경쟁력을 향상시키기 위한 대학 재정 확충의 방법은 기부금 입학이 아니어도 된다.

● 다음 글을 참고하여 나는 어떤 대학 생활을 보낼 것이며, 무엇을 가장 중요한 목표로 삼을 것인지 발표해 보시오.

진수의 생각

2009년이 되면서 내 나이도 이제 스물한 살이 되었다. 아직까지 많이 어리고 철이 없는 것이 당연하다고 생각되는 나이라는 생각도 들지만 또 한편으로는 이제는 내가 나의 인생의 주체로서 내 미래에 대해 좀 더 진지하게 생각하고 계획해야 할 중요한 시점이라는 생각이 든다. '나는 인생을 어떻게 살 것인가?' 이것에 대해 이전까지는 별 생각이 없었다. 그저 '잘 먹고 잘 살면 된다'고 생각했었다. 한편으로 생각하면 이것이 정말 단순하지만 정답이라는 생각이 들었다. 하지만 단순히 잘 먹고 잘 사는 것보다는 내가 우아하게 먹고 기품 있게, 멋있게 살려면 내가 어떻게 살아야 하는 것인가 좀 더 진지하게 생각할 필요가 있다는 생각이 들었다.

1 추구해야 할 대학 생활

- 동아리 활동
- 취업 준비
- 폭넓은 대인관계
- 전문 지식 습득
- 다양한 경험
- 이성 교제

2 대학 생활 동안 이루고 싶은 목표

- 3개 국어 능통
- 전문가
- 취업
- 꿈(이상)
- 다양한 인맥 형성
- 고시 합격
- 성공적인 결혼

 ## 강의 듣기와 노트 필기

1 강의 듣기 전

강의를 잘 들으려면 배울 내용을 미리 읽고 정리해 본다.

2 강의 듣기

첫째, 수강할 과목마다 노트를 준비하여 필기한다.

둘째, 필기 날짜와 교재의 해당 페이지를 적어둔다.

셋째, 교수가 강조하는 내용을 찾는다. 특히 단어와 문장에 주목한다.

넷째, 필기는 단어 중심으로 하고, 기호를 사용하여 내용을 이해할 수 있게 한다.

경제학은 일반적으로 경제 주체(개인과 기업을 포함)의 경제적 행동을 다루는 미시 경제학("작은" 경제학)과 실업, 인플레이션, 통화정책과 재정정책을 다루는 거시 경제학("큰" 경제학)으로 나눈다.

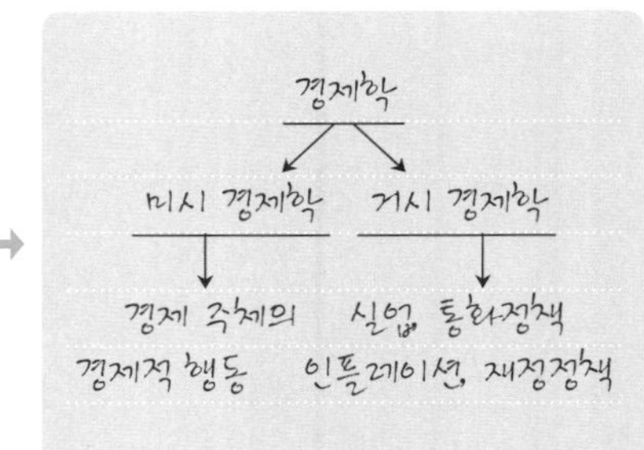

다섯째, 여러 번 반복되는 중요한 단어는 정확한 의미를 찾아 메모해 둔다.

중요한 단어
- 경제 주체 : 기업 · 개인(또는 가계家計) · 정부 · 외국 등이 전형적인 경제 주체의 예이다.
- 경제적 행동　　　· 통화 정책　　　· 인플레이션　　　· 재정 정책

3 강의 들은 후

단어와 기호로 필기한 것을 자신이 구사할 수 있는 한국어 문장으로 바꾸어 설명해 본다.

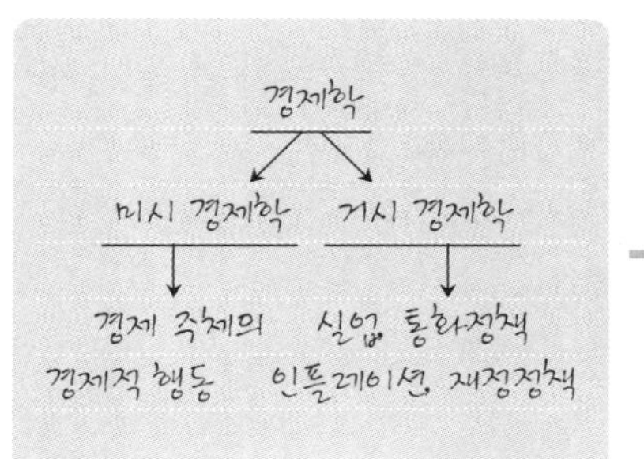

경제학은 일반적으로 미시경제학과 거시 경제학으로 나뉘어지는데 미시경제학은 경제 주체의 경제적 행동을 다루는 것이고, 거시 경제학은 실업, 통화정책, 인플레이션, 재정정책을 다루는 경제학이다.

연습 문제

1 다음의 강의 내용을 정리하여 노트 필기를 해 보시오.

> 대중 매체(Mass media)는 신문사, 출판사, 방송국 등 특정 소수의 정보 제공자로부터 불특정 다수의 대중을 향한 정보 전달 수단이다. 전파를 이용한 대중 매체에는 텔레비전과 라디오가 있으며, 인쇄를 이용한 대중 매체에는 잡지와 신문이 있다. 1990년대 후반부터 인터넷을 이용한 정보 전달이 급격하게 늘고 있다.

1) 노트 필기

2) 노트 필기한 것을 자신의 문장으로 설명하시오.

2 다음은 기부금 입학에 관한 내용입니다. 이것을 노트 필기해 보고 노트 필기한 것에 따라 설명해 보시오.

(1) 무슨 일에나 긍정적 측면(편익)과 부정적 측면(비용)이 있기 마련이므로 찬성과 반대는 언제나 있을 수 있다. 찬반의 대립을 극복하고 전향적 변화의 길을 개척하려면 무엇보다도 생각이 가난하지 않아야 한다. 대학 입학 '기여 우대제'의 경우에도 마찬가지이다. 전 세계적으로는 대학 등록금이 아예 없는 나라도 많다. 인재 양성을 전적으로 국가가 책임진다. 등록금이 있는 미국의 경우에도 주로 국공립 대학이고 사립대학은 20% 정도에 불과하다. 한국과 일본은 고등교육의 75% 정도를 사립대학이 짊어진 예외적인 나라에 속한다.

특히 한국 사립대학은 정부 보조금이나 재단 전입금의 비율이 아주 낮다. 가난했던 할머니는 눈물겹게 모은 돈을 대가성 없이 장학금으로 쾌척하지만, 기업은 대학 졸업생을 맨입으로 데려가려고만 한다. 정치 자금은 잘 내면서도 대학 기부금에는 인색하다. 결국 등록금 의존도가 70%에 이르며 거의 학생 부담이다. 참고로 미국 하버드대학에서는 12%에 불과하다고 한다.

설상가상으로 한국 사립대학의 등록금은 미국의 7분의 1 수준이다. 게다가 연례행사처럼 등록금 인상 반대 투쟁이 벌어진다. 교육 환경이나 교육 서비스의 질과 상관없이 전국적으로 등록금 액수도 거의 획일적이다. 이런 실정에서는 교육 서비스의 질적 향상을 기대한다는 것 자체가 무리이다. 결국 사립대학에서 궁여지책으로 내 놓은 것이 이른바 물재적(物財的) 기여 우대제이다. 하지만 사회주의 국가였던 러시아에도 기부금 입학생과 그 덕분에 등록금이 면제된 학생이 기숙사의 한 방을 쓰면서 서로 만족해하는 대학이 있다는데, 우리는 1986년 이래로 '국민정서'와 '시기상조'의 장벽만 쌓아올리고 있다. '생각의 빈익빈'만 심화되는 현실이다.

얼마 전 연세대에서 20억원을 언급했다가 구설수에 오르는 바람에 슬그머니 철회했다지만, 그만한 돈을 장학금으로 사용한다면 1명 덕분에 400명 정도가 등록금 걱정 없이 대학에 지원할 수 있는 셈이다. 매학(賣學)이 아니다. 부(富)가 재분배되는 동시에 교육 기회가 확대되는 것이다. 이 돈을 시설에 투자한다면 세금을 축내지 않고도 모두가 혜택을 누리게 된다. 외국 유학을 포기한 경우라면 국부의 유출도 방지된다.

　물론 기부금 액수는 대학이나 학과 또는 전공에 따라 차이가 날 수밖에 없다. 지방대학 출신이 모교 발전을 위해 적극적으로 기부할 수도 있다. 자유사회에서는 빈익빈 부익부란 역량 여하에 따라 얼마든지 극복할 수 있으므로, 이 말은 공허한 수사(修辭)에 불과하다. 더구나 교육 여건에 따른 대학이나 전공의 서열화는 지극히 자연스러운 일이다.

　사실은 지금 이런 것을 논하고 있을 상황이 아니다. 조만간에 대학 입학 연령의 인구가 입학 정원보다 적어질 것이므로, 한국도 이미 대학 도태의 시대에 들어서고 있는 것이다. 대학은 생존의 전략을 자연생태계에서 배울 수 있다. 진화하는 자연생태계에서 치열한 경쟁의 결과는 승패가 아니라 특성화와 다양화인 것이다.

　언젠가 느닷없이 학생들에게 물어본 일이 있다. "오른손을 자르겠습니까, 왼손을 자르겠습니까?" 그러자 대부분의 학생들이 거침없이 왼손을 들었다. 다시 물었다. "왼손은 왜 자르려 합니까?" 그제야 학생들은 우리 사회에 팽배한 '찬반토론'의 함정에 걸려들었음을 깨닫고는 머쓱한 표정을 지었다. 물재적 기여든 비물재적 기여든 간에 기여 우대제는 대학의 자율에 맡겨야 한다. 헌법학자들에게 물어보기로 한다면, 기여 우대제가 아니라 사립대학에 대한 학생 선발권 확립의 합헌성 여부를 물었어야 한다. 한국개발연구원(KDI)의 제안처럼 교육에 대한 정부의 역할을 규제 기능 중심에서 조정 기능 중심으로 전환해야 한다. 시시콜콜 간섭하는 지휘·통제 사회에서는 창의성과 다양성, 수월성(秀越性)이 말살되기 때문이다.

• 조영일(연세대 화학공학과 교수), 『문화일보』 2002년 2월 22일자

(2) 기여 입학제에 대해 다시 논란이 뜨겁다. 학계와 시민단체, 언론 등에서 찬반의 의견이 열띤 공방을 벌이고 있고, 정부 내의 부서 사이에도 견해가 대립되어 의견 일치를 보지 못하고 있다. 특히 기여 입학제에 대해 가장 적극적인 한 대학은 기여 입학제가 허용되기만 하면 우리나라 대학의 모든 문제들이 해결될 듯이 주장하고 있다. 몇 년 전에는 대학 발전 기금을 몇 천억 원을 모금했노라고 하여 다른 대학들에 발전 기금 모금의 열풍을 불러일으키더니 이번에는 다시 변형 기

부금 입학제인 기여 입학제라는 것을 들고 나와 전방위적으로 이의 도입을 여론화하려 하고 있다. 이 대학의 주장을 포함하여 찬성하는 견해를 요약하면, 사립대학의 재정 확충, 대학의 자유를 포함한 자율성 확보, 이공계 영역의 국제 경쟁력 강화 등을 내세우고 있다. 하지만 기여 입학제는 우리 사회에는 아직 적합하지 않다.

첫째, 대학 입학에 실력이 아닌 다른, 특히 금전적 요소를 도입하는 것은 국민 사이의 위화감을 조성할 뿐이다. 자원이 부족한 좁은 국토에서 많은 인구가 살고, 그러다 보니 경쟁적이 되지 않을 수 없다. 어떤 교육 정책을 도입해도 최종적으로는 대학 입학이라는 경쟁 수단을 선택하는 데 귀결되고 만다. 그런데 바로 그 경쟁의 수단인 대학 입학을 부모의 경제력으로 결정한다면, 이는 우리 사회의 통합에 커다란 장애가 될 것이다. 그러잖아도 천민 자본주의의 폐해를 우려하고 있는 우리의 현실에서 이제 돈으로 대학 입학증까지 살 수 있다면 이는 결코 바람직하지 않다. 또한 자신의 실패를 스스로에게 책임 지우지 않고 부모의 경제력 탓으로 돌리게 되는 사회는 결코 건전한 사회가 아니다. 기여 입학제보다는 우리 사회의 획일화된 경쟁 구조를 완화시키는 방안이 무엇인지를 연구하는 것이 더 바람직하다.

둘째, 우리 사회는 아직도 공공성의 영역이 올바로 정립되어 있지 않다. 교육은 분명히 공공성의 영역에 속한다. 교육에 기부된 재산은 공공성을 갖는다. 이 공공성이 개인의 사적 이익을 도모하는 데에 이용되어서는 안 된다. 또한 일각에서는 대학에 완전한 자유를 주어야 한다고 주장하지만, 자칫 대학의 자율이 아닌 재단의 자율로 변질될 우려가 아직도 상존하는 것이 우리의 현실이다. 상위 몇몇 대학은 그렇지 않다고 주장할지도 모르지만, 상위 몇몇 대학을 위해서 나머지 대학들이 왜곡되어도 좋은 것은 아니다.

셋째, 대학의 국제 경쟁력은 대학 재정 확충을 통한 대학 교육의 내실화를 필요로 하지만 이것이 곧 기여 입학제를 정당화하는 이유는 될 수 없다. 우리나라 대학의 국제 경쟁력이 부족한 것은 기존의 교육 정책과 대학의 현실에서 유래한 것이기는 하지만, 기여 입학제가 대학의 국제 경쟁력을 담보해 주는 것은 아니다.

국제 경쟁력을 향상시키기 위한 대학 재정 확충의 방법은 여러 가지이다. 앞서 말한 것처럼, 현재 기여 입학제에 가장 적극적인 대학이 한때 대학 발전 기금이라는 이름으로 수천 억을 모금했노라고 자랑스럽게 홍보하지 않았던가? 그럼에도 또다시 기여 입학제를 들고 나오는 것은 어딘가 석연치 않다. 그리고 기업에서 필요한 인재를 양성하기 위해서는 실질적인 산학협동체제의 도입을 검토하는 것이 더 바람직하다. 기업체도 졸업생들의 실력을 탓만 할 것이 아니라, 일정 기금을 대학에 출연하고 그 기금으로 필요한 인재를 대학으로 하여금 교육하게 하는 것도 좋은 방법이다.

그리고 상당수의 대학들이 수백 억 이상 수천억에 이르는 내부 적립금을 두고 있으면서도 적극적으로 교육 투자를 하지 않고 있는 것도 문제이다. 내부 적립금을 까먹으면 대학 운영을 제대로 하지 못했다는 비난을 들을까 우려하여서인지는 몰라도, 그렇게도 대학의 발전과 국제 경쟁력이 필요하다면 먼저, 있는 재산이라도 투자하고 볼일이다.

불가의 경전에 무주상보시(無住相布施)라는 말이 있고, 성경에도 오른손이 하는 일을 왼손이 모르게 하라는 구절이 있다. 보상을 바라는 기여는 진정한 기여가 아니다. 그리고 우리의 경험에서 비추어볼 때 어떤 형태로든지 기여 입학제가 도입된다면 그것은 곧이어 제도의 왜곡으로 이어진다. 아직은 기여 입학제를 도입할 때가 아니다.

• 이헌환(서원대 법학과 교수), 『문화일보』 2002년 2월 22일자

개인과 사회

- 구어와 문어의 차이

학습 목표

- 리더의 역할에 대해 생각하고 표현할 수 있다.
- 비판과 비난의 차이를 이해할 수 있다.
- 구어와 문어를 구별할 수 있다.

구성

- 리더십에 대한 글을 읽고 토론한다.
- 연설문을 듣고 이해한다.
- 비판적인 글을 써 본다.
- 구어와 문어의 차이를 알고 연습한다.

개인과 사회

- 개인이 사회를 변화시킬 수 있다고 생각하십니까? 사회가 개인을 변화시킬 수 있다고 생각하십니까?
- 사회를 변화시키는 리더십은 어떻게 달성될 수 있는지 생각해 보십시오.

진정한 리더란 어떤 사람인가?

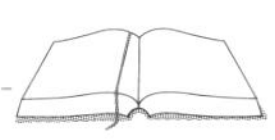

● 다음 글을 읽고 질문에 답해 보시오.

일반적으로 리더leader란 리드lead하는 사람, 즉 '앞에서 이끄는 사람'으로 많이 알려져 있다. 이와 함께 자주 사용하는 말로는 '지도자'가 있다. 이 단어는 앞에서 대중을 향해 방향을 제시하고 그 뒤에는 많은 추종자들이 따라가는 모습을 연상시킨다. 하버드 대학의 교육심리학과 교수인 하워드 가드너Howard Gardner는 그의 책 『통찰과 포용Leading Minds』에서 "리더란 개인의 사상, 행동, 감정에 영향을 주는 사람"이라고 설명한다. 현장의 이야기와 학자들의 주장을 종합하여 보면 결국 리더란 '다른 사람의 마음이나 행동에 영향을 주는 사람'으로 정리할 수 있다. 하지만 생활 속에서 쉽게 활용할 수 있는 표현으로 풀이한다면 '마음과 행동에 영향을 주는 사람'이 좋을 것이다.

다음의 표에 열거되어 있는 사람들은 자신에게 어떤 영향을 주는가? 그렇다면 그들은 나의 리더라 할 수 있는지에 대해 생각해 보자.

(1) 대통령, 장관, 지사, 시장	(2) 부모, 형제, 배우자, 선생님
(3) 사장, 임원, 부장, 과장	(4) 학자, 예술가, 연예인, 철학자

(1)의 영역에 있는 직위를 가진 사람들은 국민을 고객으로 하고 있다. 국민이라면 누구나 이들의 영향을 받는다. 좋고 싫음을 떠나 그들은 우리들의 리더가 될 수 있다. 다만 그들의 영향력의 발휘 스타일에 따라 리더가 아니라 관리자로 비춰질 수도 있다. 내가 조직에 소속되어 있는 구성원이라면 (3)의 영역에 있는 사람들은 나에게 직접 영향을 미치는 사람들이라 할 수 있으며, 함께 일하는 사람으로 나의 업무 수행이나 개인적인 생활에도 어느 정도 영향력을 행사하는 이들이다. (1)과 (3)의 영역에 있는 사람들, 즉 공식적인 조직에서 일정한 영역의 권한을 가진 직위의 사람들에 대해서는 '리더'라고 표현하는 경우가 많다.

(2)의 영역에 있는 사람들은 나의 가장 가까이에서 영향력을 행사하는 사람들이다. 그 영향력의 크기는 나의 성장과 함께 다소 변화가 있을 수 있다. 하지만 확실히 그들은 영향을 주거나 주었던 이들이다.

(4)의 영역에 포함되는 사람들도 영향력을 행사한다. 세계적인 학자의 학문에 매료되어 자신의 진로가 바뀌는 일도 있을 수 있다. 유명 작가의 작품을 보거나 읽고, 깊은 감동을 받아 자신의 삶의 태도가 바뀌는 경우도 있다. 경륜 있는 철학자나 종교 지도자의 영향을 받는 경우도 많다. 그러나 (2)와 (4)의 영역에 있는 이들을 '나의 리더'라고 말하는 경우는 드물다. 분명히 나의 생각이나 마음, 행동에 영향을 미칠 수 있는 사람들인데도 말이다. 그가 나의 리더인지 아닌지에 대한 판단은 매우 주관적이다. 하지만 나에게 영향력을 행사하는 사람들임에 틀림없다. 바꾸어 생각해 보면 나 역시 어느 누구에게 영향을 미치는 사람이다. 그러므로 우리 모두는 리더이거나 리더가 될 가능성이 있는 사람들이다. 지금은 '리더의 시대이고 리더십을 발휘해야 하는 시대'다.

• 김영민, 『인정의 리더십』 중에서

 **단어와 표현**

관리자, 권한, 구성원, 발휘, 수행, 영역, 조직, 직위, 추종자, 통찰, 포용

경륜이 있다, 매료되다, 비춰지다, 소속되다, 연상시킨다, 행사하다

1 '리더'와 '관리자'는 어떤 차이가 있는지 말해 봅시다.

2 부정적인 영향이든, 긍정적인 영향이든 나에게 영향을 미친 사람은 누구인지 말해 보고 어떤 점에서 영향을 받았다고 생각하는지 이야기해 봅시다.

3 리더가 되려면 무엇이 필요하다고 생각하는지 토의해 봅시다.

개인과 사회

● 다음 내용을 잘 듣고 답하시오.

1 이 글의 종류는 무엇인가?

① 설명문　　　② 논설문　　　③ 연설문　　　④ 기행문

2 이 내용에서 가장 중요한 핵심 단어는 무엇인가?

3 이 내용과 관련이 없는 것은 무엇인가?

① 삶을 성공적으로 만들기 위해서는 리더십을 가져야 한다.
② 모든 사람들은 남들이 알지 못하는 엄청난 잠재력을 가지고 있다.
③ 불상의 비밀을 아는 승려들이 죽었기 때문에 현재까지 밝혀지지 않고 있었다.
④ 잠재력은 스스로 개발하지 못하므로 옆에서 도와주어야 한다.

4 전체 내용이 무엇인지 요약하여 발표해 보시오.

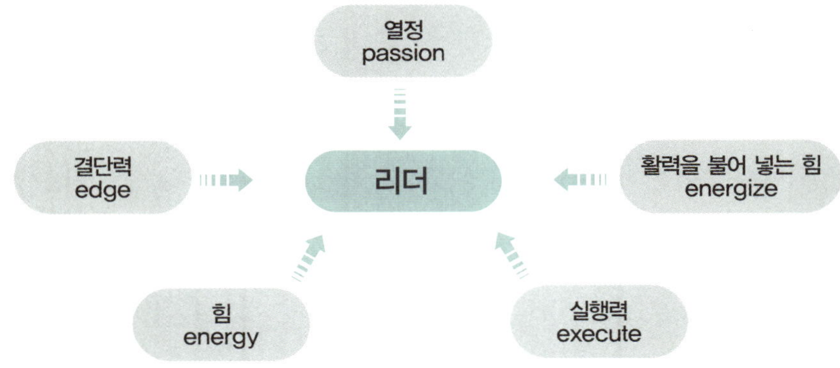

  리더의 판단은 모두의 미래다

● 다음 내용을 잘 듣고 답하시오.

　리더는 세상을 끌고 나가는 사람이다. 한 나라의 대통령에서 기업체 CEO, 군대의 사령관, 프로야구팀 감독에 이르기까지 크고 작은 수많은 리더가 있다. 그들 중 누구는 후대에까지 추앙받는 성공한 리더가 되고, 누군 절대로 배워선 안 될 ‘반면교사反面教師’ 의 실패한 리더로 굴러 떨어지는 것일까?

　이 물음에 답하려면 우선 리더십의 구성 요소, 즉 리더에게 요구되는 자질과 덕목부터 살펴봐야 한다. 비전, 포용력, 폭넓은 경험과 전문 지식, 팀워크 등등 수없이 많은 리더의 ‘필요 조건’ 가운데 무엇이 리더의 승패와 흥망을 가르는 ‘충분 조건’ 인지 딱 집어 말하기는 어렵다. 그러나 이 책은 주저없이 한마디로 결론 내린다. ‘판단력judgement’ 이다. 특히 위기에 빛을 발하는 정확한 판단력을 ‘결단력edge’ 이라고 표현했다.

　저자 워렌 베니스는 리더십을 학문의 영역으로 끌어올렸다는 평가를 받는 리더십 이론의 세계적 권위자다. 노엘 티시도 ‘GE 혁명’ 의 산실이라는 크로톤빌 연수원에서 잭 웰치를 도와 GE 리더십 평가 모델을 설계한 리더십 전문가다. 이들이 ‘판단력’ 을 리더의 핵심 역량으로 꼽은 이유는 이렇다. “리더가 내린 판단과 의사결정으로 조직의 사활이 갈리고 조직에 속한 개인들의 인생이 뒤바뀐다. 판단이 올바르다면 나머지는 문제가 될 게 없다. 그러나 판단이 올바르지 않다면 나머지는 아예 문젯거리조차 될 수 없다.”

　리더의 판단은 ‘한순간의 결정’ 이 아니다. 1주일, 한 달, 어떤 때는 몇 년에 걸친 계획적이고 세밀한 프로세스 속에서 이루어진다. 그런 의미에서 이 책은 ‘판단 프로세스’ 란 개념을 제시한다. ‘판단 프로세스’ 는 다양한 등장인물과 줄거리가 있고, 예상치 못했던 갈등과 반전이 뒤섞여 벌어지는 한 편의 대하 드라마다. 리더는 그 프로세스 전체를 효율적으로 관리하고 예견하는 능력을 갖춰야 한다. 리더의 판단은 ‘한 사람의 결정’ 도 아니다. 물론 최종 판단은 리더가 하지만 리더가 판단을 내리기까지 그가 이끄는 팀과 조직, 주요 이해 관계자들의 유기적 협력이 필요하다. 리더에게 필요한 정보를 제때 제공하고 리더가 내린 결정을 신속하고 과감하게 추진해 낼 ‘A급’ 경영진과 참모가 있어야 한다. 그래서 리더십은 팀 스포츠다.

그러면 모든 게 불확실한 위기 상황에서 리더가 올바른 판단을 내릴 수 있는 '최적 판단법'이란 게 있을까. 저자들은 GE, 보잉, P&G, 베스트바이, 뉴욕시 등 많은 사례 연구를 통해 성공한 리더의 판단 모델을 만들었다. 리더는 우선 판단 대상을 '인물' '전략' '위기(대내외 환경)'의 세 영역으로 나누고, 영역별로 다시 준비 · 결정 · 실행의 세 단계로 구분해 체계적이고 종합적으로 판단을 내려야 한다.

그중에서 가장 중요한 건 '인물 판단'이다. "사람을 판단하는 일이야말로 리더에게 주어진 가장 중요한 역할이다. 회사의 모든 운영은 결국 사람한테서 시작되기 때문이다. 현명한 사람은 잘못된 결정을 되돌릴 수 있지만, 어리석은 사람은 훌륭한 결정도 엉망으로 만들고 만다."(146쪽)

20년 재임 동안 지속적으로 'GE 혁명'을 추구했던 잭 웰치가 가장 중시했던 것도 능력 있는 팀원과 미래의 리더감을 골라내는 것이었다. 이 책은 리더의 판단을 생산 공정 관리하듯 일목요연하게 체크리스트로 만들어 단계별 진행 상황을 점검하는 '매트릭스 판단 프로세스 기법'도 소개한다. 과연 눈에 보이지 않는 리더십의 작동 원리를 이런 도식적 방법으로 '계측'하고 '제어'할 수 있을지 의문도 든다. 복잡하고 불확실한 상황, 서로 충돌하는 요구, 여러 경로로 가해지는 압박과 유혹이 혼재하는 현실은 매트릭스처럼 아귀가 딱딱 맞아 떨어질 리 없기 때문이다.

그럼에도 불구하고 세상의 리더들과 장차 리더가 되고 싶은 사람은 '어떤 수단과 방법을 써서라도'보다 정확하고 현명한 판단에 다가가려고 노력할 의무가 있다. 리더의 작은 판단 실수가 조직과 나라 전체를 패망의 길로 밀어 넣을 수 있으므로.

• 이준 논설위원, 「조선일보」, 2009년 8월 14일자

리더에게 필요한 사회적 지능의 구성 요소

- **감정 이입**
  다른 사람이 원하는 것에 민감하게 반응하는지 여부
- **조화**
  타인의 기분을 잘 맞춰주는 역량
- **조직에 대한 이해**
  조직의 문화, 가치, 암묵적 규범 등 이해 수준
- **영향력**
  토론 등을 통해 설득하는 능력
- **인재 개발**
  타인에게 진심으로 조언하고 시간을 투자하는지 여부
- **동기 부여**
  비전 제시, 자부심 고취, 긍정적 분위기 조성 능력
- **팀워크**
  팀원 참여 유도 및 협력 도모하는 역량

자료:하버드비즈니스리뷰

> 결단력, 덕목, 도식적 방법, 반면교사, 비전(vision), 사활, 산실, 압박, 역량,
> 유기적 협력, 자질, 작동 원리, 재임, 체크리스트, 최적 판단법, 패망, 포용
> 력, 프로세스(process), 팀워크(team work), 흥망
>
> 과감하다, 갈리다, 계측하다, 끌어올리다, 딱 집어 말하다,빛을 발하다,
> 신속하다, 아귀가 딱딱 맞아 떨어지다, 예견하다, 일목요연하다, 제어하다,
> 주저없이, 추앙받다, 추진하다, 폭넓다, 혼재하다

1 이 글에서는 ‘리더’가 갖추어야 할 덕목에는 어떤 것이 있으며, 그중에서 가
장 중요한 것은 무엇이라고 했습니까?

2 리더가 판단해야 할 대상은 무엇이며, 그중에서 가장 중시해야 할 것은 무
엇입니까?

3 마지막 단락에 ‘리더의 작은 판단 실수가 조직과 나라 전체를 패망의 길로
밀어 넣을 수 있다’고 했는데 역사적인 인물들 중에 이런 인물은 누구이며,
왜 그렇게 되었는지 객관적으로 비판해 봅시다.

4 결과적으로는 실패를 했지만 시작이나 과정에서 긍정적인 평가를 받을 수
있는 사람이 있습니까? 어떤 점에서 긍정적인 평가를 받을 수 있는지 이야
기해 봅시다.

 **듣고 말하기 2** **왜 비판적으로 사고해야 하는가**

● 다음을 잘 듣고 물음에 답하시오.

1 이 내용에서 말하고자 하는 것은 무엇인가?

① 정보화 사회　　② 비판적 사고　　③ 인터넷의 단점　　④ 자기계발

2 요즘 인터넷에서 정보를 많이 얻고 있는데, 그것의 문제점이 아닌 것은 무엇인가?

① 사람들은 인터넷 정보에 의존해 얕은 지식만을 취한다.
② 인터넷 정보의 사실성을 검증하지 않고 무비판적으로 받아들인다.
③ 자신의 사고 계발을 하지 않는 사람들이 늘고 있다.
④ 대부분의 사람들은 자신의 사고방식을 계발하는 데 인터넷 정보에서 많은 도움을 받고 있다.

3 '현실을 극복하기 위해서는 단순히 사실들을 받아들이기보다 질문하고 논쟁하며 도전하는 것을 배울 필요가 있다'고 하였다. 요즘 우리 사회에서 논쟁할 만한 내용이 무엇이 있는지 찾아보고 토론해 보자.

━ Tip ━━━━━━━━

비난 & 비판
비난이란 '남의 잘못이나 흠을 나무란다'는 뜻이고, 비판은 '옳고 그름을 논해서 결정하여 판단하거나 남의 잘못된 점을 들어 평가하고 판단한다'는 의미이다. 비난에는 감정적이면서 단절적이고 부정적인 뉘앙스가 들어 있는 반면, 비판에는 이성적이면서 쌍방적인 소통의 긍정적인 뉘앙스가 풍긴다.

진정한 리더는?

- 정치적으로, 역사적으로, 경제적으로 리더십을 잘못 발휘하여 여러 사람들에게 피해를 주거나 고통을 준 사람들에 대해 그들의 어떤 부분이 문제가 되었는지 그 이유를 밝히면서 비판적인 글을 써 발표해 보자.

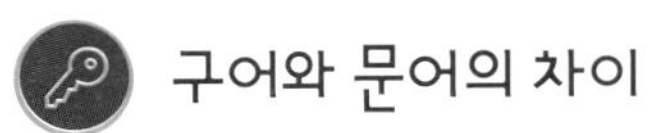 **구어와 문어의 차이**

● 말로 할 때 쓰는 표현과 문장을 쓸 때 쓰는 표현을 구별하여 보자.

구어 표현	문어 표현
• 조사가 많이 생략된다. 　나 필요한 거 많아요.	• 조사를 생략하지 않는다. 　나는 필요한 것이 많다.
• 명사 다음에 '이랑, 하고, 한테, 더러, 보고' 처럼 구어에서만 쓰는 조사가 있다.	• 구어에만 쓰는 표현을 사용하면 안 된다. 　이랑→와/과, 한테/보고/더러→에게
• '되게, 엄청, 무지하게' 등의 부사어는 구어에서만 쓴다.	• '아주, 매우' 등의 부사어를 쓴다.
• '-어요, -지요, -잖아요, -더라, -더라고, -는걸요' 등 구어에만 쓰는 어미가 있다.	• 문장을 종결할 때는 '-ㄴ/는다'를 쓴다.
• 의문형 어미로 '-을까요?, -을래요?, -니?, -냐?' 등 다양하게 쓸 수 있다.	• 의문형 어미로 '-는가, -은가' 형만을 쓴다.
• '-으니까, -는 바람에, -는 통에' 는 구어에서 주로 쓴다.	• 이유는 '-으므로, -어서, -기 때문에'를, 연결은 '-으며' 등 문어에서 쓰는 연결어미를 쓴다.
• '근데, 그니까, 그치만, 그건 그렇고' 등 구어에만 쓰는 접속사가 있다.	• 줄임말을 쓰지 않고 모두 원래 형태를 쓴다. 　근데→그런데, -댄다→다고 한다 등
• '이, 그, 저' 중에 '저'는 구어에만 사용한다.	• '저는, 말씀, 께서, 드리다, -습니다' 등의 높임 표현은 사용하지 않는다.
• 듣는 사람에 따라 높임법을 사용한다.	

연습 문제

1 다음의 구어 표현을 문어체로 바꾸어 보시오.

> 저는 순조롭게 대학교에 들어갔어요. 개강한 날부터 벌써 2주가 지나갔지,
> 뭐예요. 시간 되게 빨리 가요. 그니까 4년 대학 생활도 빠르게 갈 거예요. 그래
> 서 나는 제 대학 생활에 대한 목표를 진지하게 생각하고 계획하고 있지요.

2 다음 글에서 구어적인 표현을 찾아 문어적인 표현으로 바꾸는 연습을 해
보시오.

> (가) 한국땅부터 밟다
>
> "왜 한국 성균관대학교 왔어?"
>
> "더 큰 세상으로 가보겠다고 생각한 이상, 대학부터 자퇴하고 한국 땅부
> 터 밟았습니다."
> 우리집에서는 나 이렇게 공부하는 거 모를걸? 그런데 제가 옛날에는
> 분명한 목표가 없었어. 공부를 해야겠나는 필요성을 못 느꼈지. 근데 지
> 금은 올해 꼭 교양전공 점수를 받아야겠다고 목표를 세웠거든요.남들보
> 다 부족한 거 아는데 더 열심히 해야지!! 제가 못나고를 잘나고를 떠나서
> 남 탓할 거 없이 더 열심히 하는 거야!!
> 친구들한테 이런 말을 했어요. 너네가 여기 오는 건 좋은데, '일단 가고
> 보자' 라고 생각해서 오는 거면 그건 아니다. 물론 그렇게 해서 길을 찾을 수
> 도 있겠지만 그래도 어느 정도 가닥은 잡고 와야 된다고요. 저도 이제 막 여

기 생활에 자리를 잡아가는 상태라서 그냥 지금은 열심히 해야 한다는 생각 뿐이에요.

어찌 보면 저는 고향에 있는 친구들보다는 대학을 조금 늦게 들어가는 셈이잖아요. 그래도 전 자신있어요. 앞으로 진짜 잘 할 수있다고 생각하거든요. (*^_^*) ……

(나)

2009년이 되면서 제 나이도 이제 진짜 스무 살이 되고 대학생이 되었어요. 일년 전에 한국어를 배우기 시작했을 때는 생활도 엄청 재밌고 지금처럼 힘들지 않았어요. 근데 지금 생활은 한국어만 배웠을 때보다 진짜 바쁘고 힘들어요.

입학 후에 저는 한국 친구와 같이 수업도 듣고 친구가 될 수 있다고 생각을 하고 나서 정말 좋았는데, 모든 수업에서 성적이 상대평가라는 말을 듣고 정말 무서웠어요 . 친구가 성적을 잘 받으면 전 잘 못 받는다는 말을 듣고 쓰러질 뻔했다니까요. 외국 사람인 제가 당연히 못 받을 거니까요. 하지만 여기서 포기할 순 없죠? 제가 이미 한국 대학을 선택한 만큼 힘껏 해 볼 작정이에요. 그리고 제 발전과 더 깊고 넓은 지식을 쌓아 가기 위해 노력할래요.

(다)

여러분! 햄버거, 샌드위치, 피자 등 이런 패스트푸드 많이 드십니까? 요즘처럼 바쁜 시대에 패스트푸드는 많은 시간 절약과 간편함을 준다는 것을 부인하지는 못할 것입니다. 그러나 패스트푸드fast food로 상징되는 바쁜 현대 사회에서도 음식만은 느긋하고 건강하게 즐기자는 슬로푸드slow food 운동이 여성들 사이에서 확산되고 있습니다. 패스트푸드 대신 손이 많이 가는 전통 음식을 식탁에 올리고 채소 등을 직접 재배하는 사람들도 늘고 있습니다. 또한 건강을 지키기 위해 식탁에도 느림의 철학이 필요하다는 여성들의 모임도 생기고 있습니다. 느긋함과 여유를 되찾자는 움직임이 철학에서 식탁으로 조용히 번지고 있습니다.

한국어 문장 바로 쓰기

1 명사가 아니라, 동사가 조사를 결정한다.

대체로 자동사(自動詞)가 오면 '–이/가', 타동사(他動詞)가 오면 '–을/를' 을 쓴다.

예) 돈이 많다, 발전이 되어 간다, 목표가 실현된다, 꿈이 이루어진다. 단어를 외운다, 발전을 해 간다, 목표를 실현한다, 꿈을 이루게 된다.

● 밑줄 친 부분의 조사를 바꾸어 문장을 바르게 써 보시오.

① 지금까지 수업을 4주간 지났는데 처음에는 한 70% 이해할 수 있었지만 수업 내용이 점점 어려워지고 이해하지 못하는 부분을 더 많아졌다.

② 요즘에 여러 가지 교양 수업이 공부했습니다.

③ 국민 경제의 발전을 잘 되어 가면서 사람들의 수입을 많아지고 생활수준이 개선된다.

④ 하지만 영어 때문에 가슴이 두근두근. 그래도 수업이 빠지지 않고 예습, 연습, 복습에 관련된 내용이 매일 해야 된다. 배우는 내용이 제대로 외워야 한다.

⑤ 그래서 항상 대학교에 갈 수 있으면 어떤 생활을 보내고 어떤 목표를 실현되고 싶다고 생각했다.

⑥ 현재 역사 교육의 문제점은 역사가 재미없는 것은 가장 큰 문제로 된다.

⑦ 적극적인 공부하는 태도를 필요하다.

⑧ 옛날에 항상 놀고 쉬었으니까 시간이 낭비하고 지식도 배우지 않았다.

⑨ 영어는 1년 반이 배우지 않아서 많이 잊어버렸다.

2 다른 문장 안에 넣는 문장은 '기본 문장(–이/가 –을/를 –는다)'을 쓴다.

예) 영희는 반지를 끼고 있다. 철수는 그 반지를 사 주었다.
　　영희는 철수가 사 준 반지를 끼고 있다.

47

● 밑줄 친 부분의 조사를 바꾸어 문장을 바르게 써 보시오.

① 가르치고 배우는 것이라고 모든 <u>것은</u> 교육이라고 할 수 없다.
② 한국 경제 발전을 위해 국가가 할 수 있는 <u>일은</u> 요약하면 정부는 고용주인 기업과 피고용인인 노동자 사이를 잘 조절해 주는 역할을 해야 한다.
③ 멋진 <u>대학생은</u> 되는 것은 쉬운 <u>것은</u> 아니다.
④ 이제 끊임없이 변화하는 사회에서 여러 가지 기술적인 인재가 필요합니다. 또 대학교를 졸업한 후에 바로 <u>회사는</u> 들어가니까 대학교의 생활을 어떻게 지내느냐가 제일 중요한다고 생각합니다.

3 문어文語에 적절한 의문문을 쓴다.

● 밑줄 친 부분의 표현을 바꾸어 문장을 바르게 써 보시오.

① 대학 생활 시작한 지 벌써 사주가 됐다. 시간이 정말 빠르다. 그런데 대학 사년의 생활도 이 사주처럼 <u>빠르지 않겠어?</u> 그래서 자기 미래의 대학 생활을 어떻게 보낼지를 지금 잘 생각해 봐야겠다.
② "대학생과 다른 사람의 <u>차이 뭐야?"</u> 그 차이는 학습 방법과 사고방식이라고 생각한다.

4 종결어미는 문어적인 표현 'V+ㅡㄴ/는다(간다, 먹는다), A+다(좋다)'를 쓴다.

● 밑줄친 부분의 표현을 바꾸어 문장을 바로 써 보시오.

① 한국어 때문에 다른 한국학생들보다 더 열심히 <u>해야 하다.</u>
② 하지만 수업을 하다 보니 한국말을 절말 못하고 용기도 <u>부족한다.</u>
③ 많은 친구를 사귀게 되면 그만큼 경험도 많아질 거라고 <u>생각하고요.</u> 또 지속적으로 빠르게 변화하는 사회에 익숙할 수 있도록 순발력이 굉장히 중요하다고 <u>봅니다.</u>

대중매체와
인간

• 토론하기

학습 목표

- 대중 매체와 인간 삶에 대한 내용을 이해한다.
- 토론의 의미와 방법을 실습을 통해 익힌다.
- 주장하는 내용을 이해한다.
- 자신의 의견을 정리하고 말해 본다.

구성

- 대중 매체가 인간의 삶에 미치는 영향에 대한 자료를 읽는다.
- 대중 매체의 진실성에 대해 토론한다.
- 대중 매체의 영향력에 대해 듣고 자신의 의견을 주장한다.
- 영화 '괴물'에 대한 영화평에 대해 자신의 의견을 발표한다.

8:00   휴대전화 알람 소리가 울린다. 시끄럽다. 그렇지만 어제 인터넷 게임을 하느라 늦게 잔 탓인지 몸이 움직이지 않는다.

8:30   오늘은 12시부터 강의가 있기 때문에 아침 시간에 비교적 여유가 많다. 친구끼리 복수하는 내용의 아침 드라마를 흥미진진하게 쳐다보는 어머니가 신기했지만, 그래도 옆에 앉아서 차려 주신 아침을 먹으며 같이 본다.

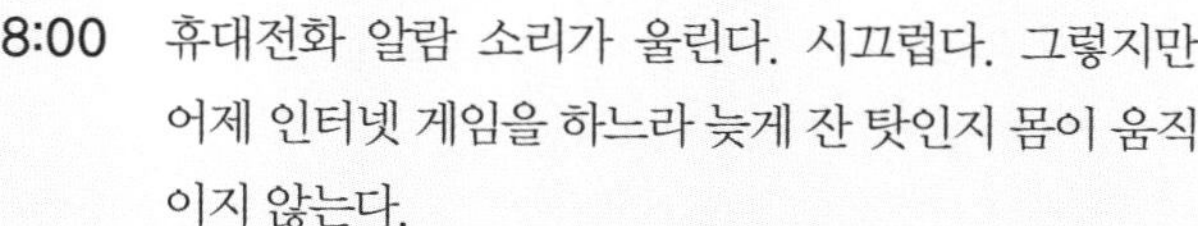

9:00   강의 전에 만나서 리포트를 정리하자는 친구 전화를 받고 부랴부랴 지하철역으로 갔다. 다른 사람들이 읽다 버린 『메트로』를 집어 들었다. 학교까지는 앞으로 한 시간. 다 읽은 『메트로』를 난간 위에 올리고 MP3를 꺼내고 저장된 노래를 들었다. 아이돌의 노래는 언제 들어도 신난다.

10:00   친구와 만나 PC실에서 인터넷으로 보충 자료를 마련해서 내용 정리를 했다. 이만하면 리포트 내용은 훌륭하다.

12:00   세 시간 연강을 들었다. 아, 피곤해! 어쩌지? 6시까지 다른 강의를 또 들어야 하는데…….

6:00   강의 끝나고 여자 친구와 저녁을 먹고 영화를 보기로 했다. 뭘 보나?

8:00   뭐니 뭐니 해도 영화는 액션 영화가 최고다. 여자 친구를 설득해서 〈트랜스포머〉를 보기로 했다. 여자 친구도 재미있어야 할 텐데 조금 걱정된다.

10:00   영화를 보고 나와서 여자 친구를 집까지 데려다 주고 지금 막 귀가. 빨리 씻고 어제 못다 한 인터넷 게임을 마저 해야겠다. 내일은 1교시에 강의가 있으니 오래 하면 안 되는데…….

 생각해 보기

● 평범이의 하루를 구성한 대중 매체는 무엇이 있었나?

● 평범이에게 대중 매체는 어떤 기능을 하였나?

TV와 시청자와의 관계

● 'TV와 시청자의 관계'에 대한 토론을 읽고 토론 자세와 방법을 익혀 보시오.

사회자　자, 지금부터 'TV와 시청자의 관계'라는 주제로 의견을 나누도록 하겠습니다.

영희　제 의견을 말씀드리겠습니다. 'TV는 바보 상자'라는 말이 있습니다. 이것은 TV가 필요없는 정보나 잘못된 정보를 주고 있고, 대중들은 그것을 일방적으로 받아들이고 있기 때문에 생겨난 말입니다. 즉, 시청자들을 수동적으로 만들고 있는 것이 TV입니다. 이렇게 본다면 주체적인 대중들은 TV를 멀리해야 한다고 생각합니다.

> **의견 제시하기**
> ·~에 대해 저는 ~라고 생각합니다.
> ·~에 대한 저의 의견은~
> ·그 부분에 대한 저의 생각은~

철수　저는 그 의견에 반대합니다. TV가 대중을 수동적으로 만든다고 하였지만 드라마 같은 경우를 예를 들면 시청자들의 의견이 반영되어 작품의 결말이 달라지는 경우도 있습니다. 이것은 시청자가 TV를 그저 바라보기만 하는 수동적인 존재가 아니라는 것을 말하고 있습니다. 이런 점에서 TV와 시청자는 상호 보완적인 관계라고 생각합니다.

> **다른 의견 제시하기**
> ·~에 대해 동의하기 어렵습니다.
> ·저는 그렇게 생각하지 않습니다.
> ·제가 생각하기에 그 의견은 문제가 있다고 봅니다.
> ·그 의견을 조금 다르게 생각하면~

경민　시청자를 수동적으로 만들든 그렇지 않든, 어쨌거나 TV는 너무 재미있는 프로그램이 많습니다. 안 볼 수가 없어요.

영희　시청자의 능동성을 이야기하면서 예를 든 철수 씨의 주장은 적절하다고 생각합니다. 그러나 그 경우는 매우 제한적입니다. 다시 말해서, TV의 많은 프로그램들은 제작진의 의도가 직접적이며 일방적으로 시청자들에게 전달되고 있어서 문제가 되는 것입니다. 특히 억지로 웃음을 강요하는 많은 코미디 프로그램을 보면 시청자를 얼마나 수동적으로 대하는지 알 수 있습니다.

> **상대방을 배려하는 표현**
> ·지금까지 하신 말씀, 잘 들었습니다.
> ·상당히 좋은 말씀을 하셨습니다.
> ·매우 타당한 의견이라고 생각합니다.
> ·제 의견을 잘 이해해 주고 계십니다.

> **올바르지 않는 표현**
> ·지금까지 제가 말씀드린 내용을 이해하지 못하신 것 같습니다.
> ·그 의견은 아주 잘못된 것입니다.
> ·당신 이야기만 주장하지 마십시오.
> ·아직도 이해가 안 되십니까?

은영 아닙니다, 아니죠. 그건 당신 생각입니다. 코미디 프로그램은 절대로 웃음을 억지로 강요하지 않습니다. 직접 한 번 보세요. 얼마나 재밌고 웃긴데 그러세요.

경민 맞습니다. 코미디 만드는 사람들이 웃기게 만들려고 얼마나 노력하는지 아세요? 그런 거 생각하면 열심히 웃어 줘야 합니다.

영희 저는 그 의견에 동의하기가 어렵습니다. 여자 연예인과 남자 연예인의 짝짓기 프로그램을 예로 들어 보겠습니다. 저는 그들이 누구와 맺어질지 전혀 궁금하지 않습니다. 그뿐만 아니라 그들이 왜 그렇게 바보짓을 하고 있는지도 이해를 못하겠습니다. 그런데도 서로 관심이 있다는 듯이 꾸며 내어 시청자들에게 그것을 믿게 만들어 내는 것이 너무 억지스럽고 그래서 전혀 웃기지 않습니다.

철수 지금까지 영희씨가 이야기한 의견은, 어쨌거나 TV와 시청자의 관계는 일방적이며 수동적인 관계라는 것으로 정리해도 되겠습니까?

TV라는 매체는 물론이고 모든 대중 매체는 그 대상이 대중입니다. 그것은 대중들이 선호하는 것들을 중심으로 내용을 구성하고, 그 구성물이 대중들의 지지를 얻으면서 대중 매체의 영향력이 커지는 것이지요. 그것과 같은 맥락으로 보자면 TV는 비록 정보의 전달 과정이 일방적이긴 하지만 시청자들을 전혀 배려하지 않을 수 없다는 점입니다. 아무리 수십억의 제작비가 투자된 드라마라고 해도 시청자들의 동의를 얻지 못하면 실패하는 것이 대표적인 경우입니다.

은영 아주 좋은 의견입니다. 더 이상 추가할 의견이 없을 만큼 깔끔하네요.

사회자 지금까지 'TV와 시청자의 관계'에 대한 이야기를 나누어 봤습니다. 상반된 의견이 팽팽하게 대립되어 있어서 결론을 내리지는 못하지만 이 토론을 통해 한 번쯤은 TV와 우리 자신의 관계를 되돌아 볼 수 있었다고 생각됩니다. 이상으로 토론을 마치겠습니다.

맥락, 바보 상자, 상호 보완적, 수동적, 억지로, 일방적, 짝짓기, 주체적, 지지

마치다, 반영되다, 선호하다, 적절하다, 투자되다, 팽팽하다

1 토론의 주제는 무엇입니까?

2 토론 주제에 대한 상반된 주장을 말하는 사람들은 누구이며, 주장의 내용은 무엇입니까?

3 올바르지 못한 토론 태도를 보인 사람은 누구이며, 그 이유는 무엇입니까?

4 이 주제에 대한 자신의 생각과 주장을 정리해 봅시다.

듣고 말하기 1 TV의 영향력

● 다음을 잘 듣고 질문에 답하시오.

1 이 내용의 주제를 쓰시오.

2 TV의 긍정적인 면과 부정적인 면을 요약해 보시오.

3 TV의 긍정적인 면과 부정적인 면에 대한 자신의 생각을 실례를 들어 주장
해 보시오.

예) 인도의 한 청년인 나렌다 쿠마르 샤르마(Narendra Kumar Sharma)는 현
재 반복적인 자살 시도 행위 금지법에 적용을 받아 3년째 인도 북부 암발라 교
도소에서 보호 관찰을 받고 있다.

그는 교도소에 수감돼 있으면서 '대장금'을 매주 시청하게 됐고 주인공 장금
이에게 닥치는 시련과 그 극복 과정을 보면서 자신의 고통은 그에 비할 바가
못 된다고 느꼈다. 이로 인해 삶의 의미와 용기를 되찾았다고 전해 왔다.

대중 매체의 실제와 허구

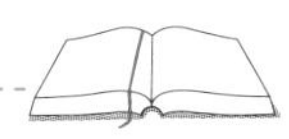

　우리는 대량 매개된mass-mediated 사회에 살고 있다. 대중 매체, 특히 그중에서 텔레비전은 일상생활에서는 비록 보이지는 않지만 당연하고 중요한 역할을 담당한다. 텔레비전 수상기는 대부분의 가정에서 거실이나, 부엌, 침실 등 눈에 잘 띄는 위치에 놓는다. 텔레비전 없는 세상이 어떤 모습일지 아무도 상상할 수 없다. 평범한 미국 가정에서 텔레비전 수상기는 매일 7시간 이상 켜져 있으며 개인들은 약 3시간을 시청한다. 어린이와 노인들이 가장 많이 시청한다. 가장 적게 시청하는 청소년들도 일주일에 20시간 이상 시청한다. 대부분의 미국인들은 일간지를 읽는다고 보고하지만 텔레비전을 가장 중요한 뉴스 정보원으로 꼽는다.

　전자 매체는 현실 재구성에 매체의 힘을 더욱 키웠다. 텔레비전과 전자 매체는 1차 세계대전 중 신문과 같은 이유로 정확한 현실보다는 재구성된 현실을 계속 제시하고 전파했다. 텔레비전은 수용자들의 인지 형성이라는 점에서 그 영향력이 이전의 어떤 매체보다 더욱 강력한 것 같다.

　현실과 허구의 경계를 허물고, 행동, 정서와 인지에 막대한 영향을 끼친 가장 인상적인 사례 가운데 하나는 영화 〈화성 침공〉이었다. 오손 웰즈Orson Wells와 머큐리 라디오극장은 1938년 10월 30일에 H.G. 웰즈(H. G. Wells)의 공상 과학 소설에 근거하여 〈세계의 전쟁War of the worlds〉이라는 라디오 드라마를 제작하였다. 이 프로그램은 라디오 드라마로 방송되면서 그 사실적 진행 스타일이 큰 혼란을 일으켰다. 많은 청취자들은 실제 비열하고 파괴적인 화성인들의 침공이 일어난 것으로 생각했다. 그들은 화성에서 온 우주선이 뉴저지에 착륙하고 주민들을 죽이고 있다고 믿었다. 경찰과 군대가 이들을 막기 위해 보내졌고, 프로그램이 계속되면서 더욱 많은 사람들이 흥분하고 좌절했으며 공포감에 휩싸였다.

　라디오 프로그램은 사람들을 놀라게 하였다. 사람들은 허구가 아니라 실제라고 생각했다. 라디오 드라마를 실제 사건으로 받아들이고 행동했다. 사람들은 공포물이 아니라, 실제의 위기 상황인 것처럼 반응했다. 때로 그 영향은 인지적인 수준에 그치는 것이었지만 랭 부부(Kurt Lang & Gladys Lang, 1953)가 지적하였듯이,

매체가 텔레비전인 경우 이러한 인지 효과조차 심각한 것이었
다. 랭 부부는 1952년 맥아더 장군이 시카고에서 벌인 퍼레이
드를 연구했다. 장군은 2차 세계대전과 한국전쟁 중 탁월한 전
과를 거두고 귀환하였다. 수천 명이 거리에서 퍼레이드를 보는
동안 더 많은 사람들은 집에서 텔레비전을 보았다. 연구자들은
거리와 텔레비전이라는 두 가지 '현실'을 비교하였다. 텔레비전 시청자들은 모인
군중이 실제보다 더 거대하고 열성적이라는 인상을 받았다. 장군은 그를 존경하
는 열성적인 사람들로 둘러싸인 것처럼 느껴졌다. 그러나 실제로 거리에 있었던
사람들은 지루하고 조용한 퍼레이드를 보았다. 장군은 그의 차에 탄 채 거의
대부분의 사람들을 잠깐 사이에 지나쳤을 뿐이었다. 거대한 군중도, 열광하는
사람도, 흥분도 없었다. 사람들에게 장군은 전혀 다르게 수용되었다. 연구자들
이 결론 짓듯이, 텔레비전은 '독특한 시각'을 제시하였다. 구성된 현실, 선택된
장면과 카메라 앵글은 실제 일어난 것과는 전혀 다른 현실을 전달하였다.

대량 매개된 세상에 산다는 것은 여러 가지 과정을 거친 결과다. 우선 우리
가 '바깥 세상'을 알고 해석하기 위한 매체 의존적인 뉴스들은 하나의 이야기로
쓰여지는 취재 보도의 실무 과정에서 선택과 왜곡 효과, 그리고 정보와 허구가
혼합되고 현실 세계와 허구적 세계가 하나로 합성된다. 가장 지배적인 매체인
텔레비전의 소통 기술과 역할이 점점 더 중요해지고 있다는 점을 우리는 명심
해야 한다.

• 가브리엘 와이만, 김용호 역, 『매체의 현실 구성론』 중에서

> **맥아더 장군**
> 더글라스 맥아더(Douglas MacArthur. 1880년 1월 26일 ~1964년 4월 5일). 미국의 군인. 제1차 세계 대전, 제2차 세계 대전, 한국 전쟁 등에 참전했으며 일본 역사 최초의 외국인 집정관이기도 했다.

 단어와 표현

경계, 대량, 수상기, 수영자, 앵글, 왜곡, 인지, 일간지, 전과, 정보원, 침공,
카메라, 퍼레이드, 허구, 형성,

담당하다, 독특하다, 매개되다, 명심하다, 비열하다, 열광하다, 좌절하다,
전파하다, 재구성되다, 탁월하다, 허물다, 휩싸이다

1 미국의 가정에서 텔레비전은 하루에 얼마 동안 시청되는가?

2 미국인들이 주로 정보를 얻는 것은 무엇과 무엇인가?

3 현실과 허구의 경제를 허물게 된 대표적인 프로그램은 무엇이며, 어떤 내용
인가?

4 TV에 비춰진 맥아더 장군의 모습과 실제 모습은 어떻게 다른가?

5 TV에 나온 모습과 실제 모습이 달라질 수 있었던 것은 무엇 때문인가?

  뉴스, 과연 사실만을 말하는가?

● 다음 두 내용을 듣고 물음에 답하시오.

1 들은 두 내용은 무엇에 대해 지적한 것인가?

① 국민들의 건강 ② 텔레비전 뉴스 사실성 ③ 뉴스의 과장 보도 ④ 공공 시설물

2 뉴스에 대한 사람들의 반응에 대해 바르게 지적하지 않은 것은 무엇인가?

① 국민들은 건강에 관한 뉴스나 텔레비전 프로그램 내용을 믿고 있다.
② 뉴스에 대한 의학 정보를 교수들은 엉터리라고 비판한다.
③ 많은 사람들은 뉴스에서 다리가 무너진다고 하는 것을 과장이라고 생각한다.
④ 전문가들은 사람들이 뉴스를 믿지 않는 것에 대해 무책임하고 경솔하다고 생각한다.

3 두 내용을 쓴 필자는 다음 내용에서 뉴스 보도에 무엇이 필요하다고 지적하겠는가?

① 뉴스의 다양성　　　　　② 뉴스의 객관성과 정확성
③ 뉴스의 흥미성　　　　　④ 뉴스의 효율성

4 들은 내용처럼 실제 사실과 달랐던 뉴스의 또 다른 예를 찾아 이야기해 보자.

대중매체는 사실을 전달하는가?

● 'TV나 신문 등의 대중매체는 사실을 전달한다.' 라는 의견과 '기자나 편집자의 의도에 따라 달라질 수밖에 없다.' 라는 의견에 대해 토론해 보자.

사실 VS 왜곡

TV 뉴스는 객관적인 사실을 전달해야 한다.

TV 뉴스는 편파성, 왜곡성이 있을 수밖에 없다.

60

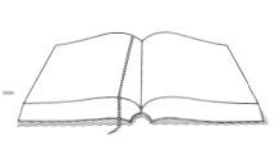

● 이 글에서 주장하는 바를 정리하고 자신의 의견을 발표해 봅시다.

　　제목이 '괴물'이다. 일반적으로 괴물이 나오는 종류의 영화는 그 영화가 만들어질 당시 대중들의 공포를 반영한다고 하는데, 그럼 이 괴물은 지금 현재의 우리가 가진 무엇을 괴물로 형상화했을까?

　　주인공인 가족은 지극히 평범한 소시민, 일상적인 대중의 한 사람이다. 이 가족에게 위기가 닥쳤다. 그 핵심은 괴물이다. 사랑하는 딸을 빼앗기고 생활 터전인 한강도 빼앗겼다.

　　과연 괴물은 어떻게 만들어졌나? 포름알데히드라는 독극물을 한강에 흘려 보내서 만들어진 돌연변이 괴물이다. 골뱅이든 가물치든 어쨌거나 평범한 수중 생물이 공중 제비돌기 기예를 보일 정도면 엄청난 돌연변이다. 그럼 괴물의 형성 원인은 첫 번째 환경오염이 된다. 현대인들에게 환경오염은 그 자체로 괴물이다. 봄에 불어오는 황사, 산성비, 사스 등등 생존을 직접적으로 위협하는 괴물은 환경오염이다.

　　그렇다면 두 번째 원인은 무엇인가? 독극물을 한강으로 흘려 보내라는 명령이다. 인간의 무수한 커뮤니케이션 중에서 가장 일방향적인 것, 명령. 명령을 받은 자는 이유와 원인도 알 필요없고, 그것에 대한 결과도 책임지지 않아도 된다. 중요한 것은 명령을 내린 주체의 역할과 의미이다.

　　아무런 주저 없이 엄청난 양의 독극물을 한강에 버리라는 명령을 내린 사람은 주한 미군 소속의 의사. 즉, 괴물을 만든 두 번째 원인은 미국이다. 여기서 미국은 특정 국가를 지칭할 수도 있지만 좀 더 보편적인 것으로 봐야 하지 않을까 싶다. 오사마 빈 라덴과 개인적 친분이 있는 부시가 대통령으로 있는 미국이 아니라, 특정한 나라가 어떻게 되든 상관없이 자신들의 편리함과 이익만을 앞세우며 그 나라를 쥐락펴락하는 제국주의의 국가다.

　　괴물은 제국주의의 논리 속에서 아무런 거리낌 없이 내려진 명령에 의해 만들어졌다. 우리의 의지와는 상관없이 결정되는 제국주의의 힘, 제국주의의 폭력. 그것이 괴물이다. 미국 의사의 명령에 어쩔 줄 모르는 한국인 의사를 보라. 이걸 버리면 안 되는 줄 알면서도 반항 한 번 못하고 그대로 그 엄청난 독극물

61

을 버리는 한국인. 이 대목에서 '미국 의사=제국주의', '한국인 의사=한국'
이라는 간단한 공식이 너무나 뚜렷하게 떠오른다.

　이런 이유로 괴물의 외형이 형성되었다면 괴물을 궁극의 괴물로 완성한 것은
있지도 않은 '바이러스'이다. 잘못된 정보를 기정 사실화하여 대중을 통제하려
는 권력의 논리. 박강두의 가족이 더욱 급박한 상황으로 치닫게 된 것도 모두
권력이라는 바이러스 때문이다.

　환경오염, 제국주의의 논리, 그것에 결탁한 권력의 논리. 우리를 둘러싼 일
상의 이면에는 이러한 요인들이 똘똘 뭉친 괴물이 존재하고 있고 우리는 그 괴
물의 입 속에서 서서히 질식하고 있는 것이다.

　이런 복잡한 면면을 지닌 괴물을 엄마가 부재한, 모성을 가진 여자가 제거된
가족을 통해 보여주는 봉준호 감독의 상상력은 참으로 감탄스러울 지경이다.

　여기서 혐의가 가는 또 하나의 괴물은 가부장제다. 엄마가 없다고 설정되었
기 때문인지 영화 속 남자들은 기존의 남성적 권위를 보여주지 않는다. 할아버
지 희봉은 무기력한 강두에게도, 청년 백수인 남일에게도 타박을 하지 않는다.
아버지로서의 권위보다는 가족을 위해 목숨을 거는 모습이 여타의 영화 속 엄
마들과 닮아 있다. 이것은 강두도 마찬가지다. 특히 마지막에 밥상을 차리는
장면. 그건 지금까지 엄마나 큰누나의 몫이었다. 어쨌든 가부장적인 남자들을
모두 끌어안는 모성을 지닌 존재가 부재한 가족이기 때문에 괴물을 물리칠 수
있었고 그 때문에 그들의 행동이 더욱 설득력을 얻는다. 일반적 가족이라면,
전 재산을 날리는 할아버지를 할머니가 그냥 뒀을 리 없고, 아버지 죽음에
엉엉 울며 그냥 잡혀버리는 강두를 부인이 그냥 뒀을 리 없다. 그러나 이건
어디까지나 혐의일 뿐, 영화를 한 번 더 보면서 신중하게 판단할 부분이다.

　결국 괴물은 한강에만 사는 것이 아니었다.

• 배선애, 「영화 '괴물' 비평문」 중에서

 토론 방법과 준비하기

1 토론의 주제 정확히 파악하기

- 주제를 정확하게 파악하지 않으면 질문이나 답변을 정확하게 할 수 없다.

2 발표 전에 자기 생각 정리하기

- 무슨 내용을 발표할 것인지, 어떻게 말할 것인지, 머릿속으로 정리한다.
- 생각을 써 보면 더 조리있게 말할 수 있다.

3 자기의 주장을 뒷받침하기 위해서 논리적이고, 객관적인 증거나 예를 준비하기

- 토론은 말 그대로 사람들끼리 어떤 한 가지의 주제에 대해 옳고 그름을 가리기 위해 말하는 것인 만큼 무조건 자기의 주장만을 내세워서는 말을 잘할 수가 없다. 그러므로 자기 주장을 뒷받침해 줄 만한 증거들을 준비해야 한다.

4 다른 사람의 의견, 반대하는 쪽의 핵심 내용 등을 메모하기

- 토론할 때의 메모는 빼놓을 수 없는 중요한 요소이다.
- 주제가 하나를 놓고 하는 것이기에 의견의 차가 크고 다양한 의견이 많으므로 헷갈리고 혼동, 오해하지 않기 위해서 메모는 필수이다.
- 다른 사람이 내 의견에 반대할 때 다른 사람이 주장하는 핵심 내용을 메모한다.

5 흥분하지 말고 차분하고 또박또박 말하기

- 토론할 때는 의견, 생각의 차가 많은 만큼 분쟁이나 언성이 높아질 가능성도 있다. 그러므로 토론하면서 흥분하거나, 언성을 높이지 말고, 대신 더욱더 차분하고 자신감 있는 목소리로 또박또박 이야기하는 것이 중요하다.

1 TV와 비교하여 인테넷의 장·단점에 대해 토론하시오.

장점

1)

2)

3) …

단점

1)

2)

3) …

2 게임의 긍정적인 면과 부정적인 면에 대해 토론하시오.

긍적적인 면:

부정적인 면:

• 시험 답안 작성법

학습 목표

- 한국의 역사와 전통에 대한 이해를 심화시킨다.
- 글을 핵심 내용 중심으로 이해한다.
- 시험의 유형을 파악한다.
- 시험 답안 작성 방법을 익힌다.

구성

- 역사와 관련된 글을 읽는다.
- 시험 문제 유형을 익힌다.
- 글을 읽고 '요약하기 · 설명하기' 형 시험 문제에 답해 본다.
- 자료를 통해 '논술하기' 형 시험 문제에 답해 본다.

역사란 무엇인가?

생각해 보기

- 역사는 발전한다고 생각하는가? 반복된다고 생각하는가?
- 역사 중에 바꾸고 싶은 역사가 있는가?

고구려와 조선 시대의 생활 모습

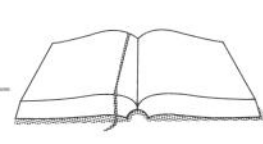

● 다음 글을 읽고 물음에 답하시오.

조선시대 사람들은 방 안 구들장 위에 앉아서 엉덩이를 지지며 추운 겨울을 따뜻하게 보냈다. 천장에는 고드름이 얼더라도 일단 아랫목에 앉으면 따뜻한 온돌의 열기가 몸을 녹여 주었다. 그래서 손님이 오면 먼저 앉으라고 권하였다. 양반들도 다리를 포개고 앉아서 서안書案에 책을 올려놓고 읽거나 글을 썼다. 방에는 보료나 안석, 혹은 방석 등이 준비되어 있었다.

문갑 등도 앉아서 문을 열도록 낮게 설계되어 있었다. 조선시대 방안의 살림 도구는 앉아서 생활하도록 맞추어져 있었다.

고구려 사람들도 좌식 생활을 했을까. 흔히 온돌은 고구려에서 개발된 것으로 알려져 있다. 따라서 고구려 사람들도 전부 앉아서 생활했을 것이라고 생각하기 쉽다. 그러나 그것은 사실과 다르다. 고구려 사람들은 기본적으로 서서 생활했다.

고구려인들은 조선인들에 비해 활달한 기상을 가지고 있었고, 전란과 정복 산업이 잦았던 만큼 방 안에 오래 눌러 앉아 있기보다는 언제든 말을 타고 달려 나갈 수 있는 입식 생활을 더 선호했다. 『삼국지』에는 고구려 사람들이 모두 달음박질을 치듯 다닌다고 했다. 그들은 실내에서도 신발을 신고 있었고, 신발을 벗을 경우에도 언제든 신고 나갈 수 있도록 바로 자신의 앞에 놓았다.

하지만 입식 생활의 보다 근본적인 이유는 고구려 온돌 문화의 특성에서 찾을 수 있다. 고구려의 온돌은 오늘날처럼 방 전체를 데우는 것이 아니라 일부분만을 데우는 쪽구들이었다. 따라서 방 내부에는 신발을 벗고 올라가는 쪽구들이 놓인 장소와 신발을 신고 다녀야 하는 방바닥 공간이 함께 있었다.

• 김용만, 『고구려의 그 많던 수레는 다 어디로 갔을까』 중에서

기상, 방석, 보료, 서안, 아랫목, 안석, 열기, 입식 생활, 좌식 생활, 쪽두들, 천장

권하다, 눌러 앉다, 달음박질을 치다, 지지다, 포개고 앉다, 활달하다

1 위의 내용을 바탕으로 고구려의 난방 방식에 대해 요약해 보시오.

2 고구려의 생활 방식과 조선의 생활 방식을 비교하여 설명하고 그 원인에 대해 설명하시오.

대학 시험의 유형 1

대학 시험의 유형은 크게 두 가지로 구분된다. 첫째는 단답식으로 중요한 어휘나 내용을 확인하기 위한 유형으로, 특정 내용에 대한 정보를 정확하게 기억하고 있는가를 물어보는 것인데 상대적으로 출제 빈도가 낮다. 예를 들면, "불국사 대웅전 경내에 나란히 서 있는 석탑은 (   )과 (   )이다."에서처럼 괄호를 채우는 방식이다.

둘째 서술식은 어떤 내용을 잘 이해하고 있는지, 그것을 효과적으로 표현할 수 있는지를 확인하기 위한 유형으로, 문제의 내용에 따라 '요약하기', '설명하기', '논술하기'의 세 종류로 구분된다. 대학의 시험에서 가장 보편적으로 출제되는 유형이다.

● **요약하기**

시험의 첫 출발은 시험 문제를 정확하게 파악하는 것이다. 요약하는 것을 목적으로 하는 시험 문제에는 이런 표현이 자주 나온다.

(1) 자주 사용되는 표현
① 위의 내용을 간단하게 요약하시오.
② …가 무엇인지 그 개념을 정의하시오.
③ 이와 같은 현상을 무엇이라고 설명하였는지 찾아서 적으시오.
④ …에 대하여 ( )자 내외로 요약하시오.

(2) 답안 작성 요령
① 핵심 문장과 어휘를 파악한다. 즉 요약해야 하는 대상과 내용을 찾는다.
② 요약 대상과 관련된 내용을 체계적으로 정리한다.
③ 불필요한 수식어는 피하며 핵심이 제대로 들어갔는지 검토한다.
④ 글의 분량에 대한 제한이 있다면 그 분량에 적합한지 검토한다.

● 다음 글을 읽고 물음에 답하시오.

윤두서, 〈나물 캐기〉

조영석, 〈절구질하는 아낙네〉

김홍도, 〈씨름〉

신윤복, 〈단오〉

　　풍속화는 사람들이 생활하는 모습을 소재로 삼은 그림이다. 각계각층의 다양한 인물들의 생로병사와 일상을 그린 그림으로 민중들의 생활과 풍속이 잘 드러나 있다. 당시 사대부들은 풍속화를 속화라고도 불렀는데 그것은 당시의 지식인들이 일반 민중의 생활을 세속적으로 여겼기 때문이다.

　　삼국시대 고분 벽화를 통해서도 사람들의 생활상을 그린 그림들을 볼 수 있다. 고구려의 안악 고분에 있는 벽화에는 고구려인들의 역동적인 모습이 고스란히 남아 있는데 그림을 통해서 고구려의 의상, 춤, 여러 가지 생활용품의 모습을 알 수 있다. 고려 후기에는 소를 이용해 밭을 갈거나 추수하고 탈곡하는 모습이 그림으로 표현되기도 했다.

　　본격적인 풍속화는 조선시대에 들어와 시작되었다. 조선 초기와 중기를 거쳐 발달한 풍속화는 18세기 윤두서와 조영석 등의 사대부 화가나 강희언 등의 전문적인 화원, 중인층 화가들에 의해 확산되고 정착되었다. 이들은 민중의 삶과 자기 주변의 일상적 체험을 형상화함으로써 '속된 그림'으로 치부되었던 풍속화를 당당히 예술의 영역으로 끌어올렸다. 풍속화의 발전적 계승은 18세기 후반과 19세기에 활동했던 김홍도, 김득신, 신윤복 등의 화가에 의해 이루어지게 된다.

　조선후기의 풍속화는 시대적인 배경과 관련하여 미술사적으로 여러 가지 의미가 있다. 첫 번째는 풍속화를 통해 조선시대의 사회상을 알 수 있다. 풍속화는 민중만이 아니라 사대부와 기녀 등 다양한 계층의 생활을 보여준다. 그 다음으로 조선 후기의 사회 변동 속에서 인간의 삶을 객관적으로 바라봄으로써 근대를 지향하는 인간주의를 엿볼 수 있다. 그것은 그림을 통해 인간을 객관적으로 보고 더 나은 삶의 가치를 찾으려는 노력의 결과로 보인다. 마지막으로 인간의 일상을 뛰어난 예술적 감각으로 표현해 냈다는 점이 풍속화가 지니는 가치이다.

　이러한 미술사적 성과와 의의에도 불구하고 조선 후기 풍속화는 현대에 이어지지 못했다는 한계를 지니고 있다. 19세기 이후 조선의 계급 대립과 갈등이 심화되었으며, 지배층의 문화적 쇠락과 보수화로 인해 진취적인 예술적 성향은 쇠퇴하였고, 화원 화가들마저 신분 상승의 욕구와 이해 관계에 얽혀 예술혼을 잃고 민중 속으로 파고드는 사실주의적 작업을 지속하지 못했기 때문이다.

 단어와 표현

각계각층, 계승, 계층, 고분 벽화, 고스란히, 기녀, 민중, 영역, 변동, 보수화, 사실주의적, 사대부, 생로병사, 성과, 세속적, 신분 상승, 쇠락, 예술혼, 역동적, 욕구, 의의, 중인층, 진취적, 풍속화, 한계, 화원

거치다, 끌어올린다, 드러나다, 속되다, 쇠퇴하다, 심화되다, 여기다, 엿보다, 얽히다, 지향하다, 추수하다, 치부되다, 탈곡하다, 파고들다, 확산되다, 형성화하다

1 풍속화를 간단하게 정의한다면 무엇이라고 할 수 있겠는가?

2 풍속화는 역사적으로 어떻게 전개되었는가?

대학 시험의 유형 2
● **설명하기**

　'설명하기'는 특정 내용에 대하여 잘 이해하고 있는가, 그리고 그것을 명확하게 표현해 낼 수 있는가를 확인하는 문제 유형이다. 일반적으로 답안의 분량에는 제한이 없으며, 대체로 강의 시간에 진행한 것을 토대로 내용 확인과 이해를 중심으로 한다. 이러한 유형의 시험 문제에는 다음과 같은 표현이 주로 사용된다.

(1) 자주 사용되는 표현
① …에 대하여 설명하시오.
② …의 특징에 대하여 그 이유를 서술하시오.
③ …의 종류와 역사적 의미를 간략하게 설명하시오.
④ …와 …를 비교하시오.
⑤ …를 …의 입장에서 분석하시오.

(1) 답안 작성 요령
① 설명해야 할 대상의 내용을 파악한다.
② 시험 문제 속에 제시된 설명의 방법을 이해한다.
③ 비교의 대상과 비교 내용, 분석의 기준과 내용을 체계적으로 정리한다.
④ 불필요한 서술은 생략하며, 일목요연하게 서술되었는가를 검토한다.

3 풍속화의 미술사적인 가치는 무엇이라고 할 수 있겠는가?

4 조선 후기 풍속화의 한계점은 무엇인가?

5 위 내용을 바탕으로 '조선 후기 풍속화의 특징과 한계점에 대해 기술하시오' 라는 설명형 문제에 답을 쓰시오.

동양화와 서양화

● 다음은 동양화와 서양화에 대한 설명이다. 잘 듣고 답하시오.

김정희, 〈적설만산〉

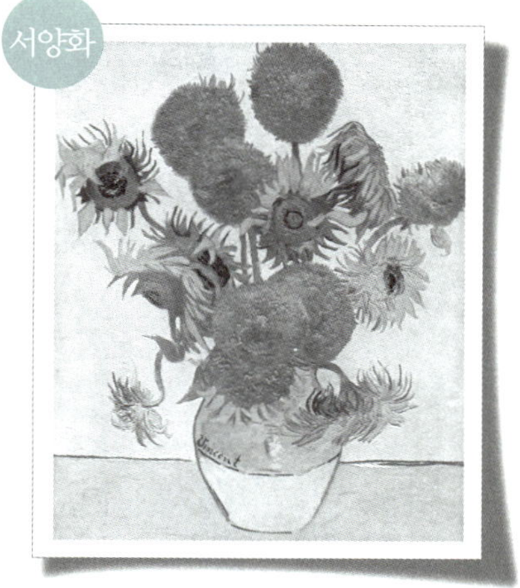

고흐, 〈해바라기〉

75

1 '동양화' 의 특징은 무엇인가?

2 '서양화' 의 특징은 무엇인가?

3 동양화와 서양화의 특징을 비교하여 설명하시오.

아이들에게 역사 교육이 왜 필요한가?

● 다음 글을 읽고 물음에 답하시오.

우리가 아이들에게 역사책을 읽게 하는 것은 사고의 확장을 유도하기 위한 것이다. 하나의 역사를 다양한 시각과 관점에서 이해하고 파악하는 과정을 통해 아이들은 사고의 폭을 조금씩 넓혀 갈 수 있다. 이렇게 확립된 역사관을 가지고 현대 사회를 살아가면서 현실을 더욱 객관적으로 이해할 수 있게 되는 것이다.

그러나 대다수의 부모들이 획일화되고 단순한 지식만을 전달하는 교과 보조용 역사책을 권하고 읽기를 강요해 아이의 생각을 닫아 버리는 경우가 많다. 이는 역사 교육을 떠나서 보더라도 아이들의 독서 능력 및 사고력, 창의력 향상을 저해하는 벽을 만드는 행동이라고 할 수 있다.

요즘의 역사 연구 경향을 살펴보면 사회사뿐만 아니라 문화사, 여성사, 과학사, 미술사, 심리사 등 다양하게 나타나고 있다. 반면 정치적으로 중요한 인물들에 대한 관심은 오히려 크게 줄어들고 있는 추세이다. 이는 기존의 역사를 이해하는 방식과 반대되는 것으로 정치사보다 민중의 생활사가 인간의 생존 조건에 관련된 많은 것들을 말해 준다는 생각에서 비롯된 것이다. 즉, 이런 것들이 그 사회의 구성 원리나 변화, 그리고 특성들을 파악하는 데 중요한 정보를 제공하여 정치사 중심으로는 알 수 없는 역사적 상황을 이해할 수 있게 해 준다. 이러한 역사관의 변화는 아이들의 역사 교육에도 큰 영향을 주고 있다. 대다수 부모의 생각대로 단지 교과 보조용 역사책 한두 권을 가지고서 그 흐름을 파악해 나가도록 한다면 역사는 아이들에게 너무나 버거운 짐이 될 것이다.

아이들에게 새롭고 다양한 시각에서의 역사 교육이 필요하다. 그 교육의 시작은 민중과 생활, 다양한 민족들의 문화를 이해시켜 주는 것이다. 즉, 그동안 외면해 왔던 제3 세계를 포함하여 전 세계의 역사를 당시의 상황과 원인, 결과까지도 충분히 이해하도록 하고, 그들의 생활과 문화를 이해하는 안목까지 길러 주는 것이 아이들의 역사 교육에 있어서 무엇보다 선행되어야 할 과제이다.

• 교원북프렌드 카페 글 중에서

 단어와 표현

관점, 교과 보조용, 생존, 시각, 안목, 제3세계, 창의력, 추세, 폭, 확장,
향상, 흐름

강요하다, 버겁다, 선행되다, 유도되다, 외면하다, 저해하다, 파악하다,
확립되다

1 윗글에서 역사책을 읽을 때 유의해야 할 점은 무엇이라고 했는가?

2 요즘 역사의 경향은 무엇인가?

3 윗글에서 주장하고 있는 것은 무엇이가?

4 역사를 배우는 목적과 역사 교육에 있어서 초점이 되어야 할 것에 대해 기
술하시오.

대학 시험의 유형 3
● 논술하기

'논술하기'는 '설명하기'와 동시에 '자신의 의견'을 서술하는 문제 유형이다. 문제 유형은 크게 문제 제기와 해결을 요구하는 것이나 비판과 주장을 요구하는 것으로 구분된다. 이러한 유형의 시험 문제에는 다음과 같은 표현이 주로 사용된다.

(1) 답안 작성 요령
① 다음 주제에 대해 자신의 의견을 서술하시오.
② 이 주장에 대해 비판하시오.
③ …에 대해 논술하시오.
④ …하는 현상의 근본 원인과 해결 방법에 대한 자신의 견해를 서술하시오.
⑤ …의 주장에 대해 찬성 혹은 반대하는 자신의 입장을 논리적으로 서술하시오.

(2) 답안 작성 요령
① '문제 제기와 해결'에 대한 것인지, '비판과 주장'에 대한 것인지 파악한다.
② '문제 제기와 해결'인 경우
  - 문제 제기를 명확하게 한다.
  - 문제의 심각성을 강조한다.
  - 다양한 시각의 해결 방법을 생각한다.
  - 각각의 해결 방법을 구체적인 예를 들어 서술한다.
  - 문제 제기와 해결이 잘 맞추어져 있는지 확인한다.
③ '비판과 주장'인 경우
  - 비판의 대상을 정확하게 적는다.
  - 비판의 이유(근거)를 다양하게 설명한다.
  - 근거의 객관성을 위해 구체적인 예를 첨가한다.
  - 비판한 내용을 근거로 자신의 주장을 서술한다.
  - 주장이 타당성이 있는가를 평가한다.

● 다음 글을 읽고 물음에 답하시오.

　　문제의 출발점은 19세기의 위대한 역사가 랑케Ranke, Leppddvon가 제시한 바대로, 역사가는 '일어나는 그대로wie es eigentlich gewesen' 기술해야 한다는 명제에 있다. 그는 『영국사』(1859~1869) 제5장에서 역사가의 임무에 관해 "나는 자아自我를 소거消去해서 다만 사물로 하여금 말하게 하며 모든 강력한 힘을 눈앞에 나타나게 할 뿐이다."라고 말하였다. 이 말은 『라틴게르만 민족사』 제1판(1824) 서문에 있는 "나는 단지 본래 일어난 그대로를 보여줄 따름이다."라는 말을 바꾸어 놓은 것에 불과하다.

　　'자아의 소거'를 통해 과거를 객관적으로 표현한다는 주장의 전제는 무엇인가? 그 첫째는 역사 사실이란 역사가의 마음 밖에 있는 대상으로서 '객관적인 실재'라는 것이다. 둘째, 역사는 내적 인과 관계에 의해 이루어진 구조, 즉 법칙성을 지니고 있다. 셋째, 역사가는 종교적 · 정치적 · 이념적 · 사회적 · 경제적 · 도덕적 · 미적美的 모든 편견으로부터 벗어나야 하며, 역사적 현상을 중립적으로 관찰해야 한다. 넷째, 역사는 합리성을 지니고 있다. 즉 역사의 본질은 순전히 합리적 노력을 통해 파악되며, 따라서 역사는 어떠한 초월적인 존재의 지배를 받지 않는 동시에 어떠한 정서적인 힘(예컨대 감정, 신앙 등)의 지배도 받지 않는 합리적 과정을 따라 진전된다. 끝으로 모든 지식은 '과학적인 것'이 될 때 진리이다. 결론적으로 역사도 '지식'인 만큼 보편 타당성과 객관성을 유지해야 하며, 그 점에서 자연 과학과 같이 일반성과 법칙성을 추구해야 하는 지식이다.

　　랑케 이래로 이러한 명제는 역사가들이 반드시 추구해야 할 이상이었다. 그럼에도 불구하고 다른 한편으로 회의적 비판이 가시지 않은 것도 사실이다. 즉, 객관적인 역사 인식은 가능하지 않을 뿐 아니라 또 바람직하지도 않다는 견해가 꾸준히 주장되어 왔다. 이러한 견해를 나타낸 학자들 가운데서는 상대주의 역사가 비어드, 베커, 카 및 관념론적 철학자 크로체, 콜링우드 등이 대표적이다. 그들의 주장에는 여러 이유가 있었다. 첫째, 역사 지식의 간접성이 지적되었다. 역사가는 과학자와 달리 대상을 직접 관찰할 수 없다. 바꾸어 말해 역사가는 화학자가 시험관 속을 관찰하는 것과는 달리, 사료를 매개로 할 때만 비로소 과거를 관찰할 수 있다. 둘째, 불완전성의 문제가 있다. 역사가 개인의 능력이나 그가 취급하는 사료는 제한되어 있으며 바로 이 사실로 인해 역사가의 객관적 인식은 불가능하다.

셋째, 윤리성이 지적될 수 있다. 역사적 사건들은 도덕적 또는 심미적 고려의 대상이다. 그러므로 역사가는 연구 대상을 고르거나 사료를 선별·정리할 때 무의식적으로든 의식적으로든 역사가 자신의 윤리 의식이나 가치관이 작용하게 된다. 또한 역사가는 사실 선택의 재량이 있다. 이 재량은 부정될 수 없을 뿐더러 부정될 성질의 것도 아니다. 역사가는 좋든 싫든, 엄청나게 많은 사실들 가운데서 극히 일부의 사실만을 선별할 재량을 갖고 있을 뿐이다. 이상과 같은 이유로 역사가는 결코 '실제 일어난 그대로' 서술할 수는 없을 뿐더러 결과적으로 '과학적' 중립성 또는 '과학자에게 필요한' 객관성을 유지할 수 없다. 결국 역사에 대한 우리의 인식은 필연적으로 주관적일 수밖에 없다.

• 차하순, 『새로 고쳐 쓴 역사의 본질과 인식』 중에서

 단어와 표현

관념론적, 매개, 명제, 불완전성, 사료, 심미적 작용, 인과 관계, 자아, 중립적, 지배, 초월적, 화학자, 회의적

관찰하다, 기술하다, 바람직하다, 불과하다, 소거하다, 추구하다

1 역사를 바라보는 시각에 대한 윗글을 요약해 보고 자신의 견해를 덧붙여 설명하시오.

2 역사를 바라보는 시각은 객관적일 수 있는지, 역사가의 주관이 개입될 수밖에 없는지에 대해 이야기해 보시오.

3 과거의 어떤 사건이나 인물이 역사가의 시각에 따라 달리 평가되고 있는 것을 조사해 발표해 봅시다.

track 9

● 다음 주장을 잘 듣고 질문에 답하시오.

듣기 지문 : 질병이 역사를 만든다.

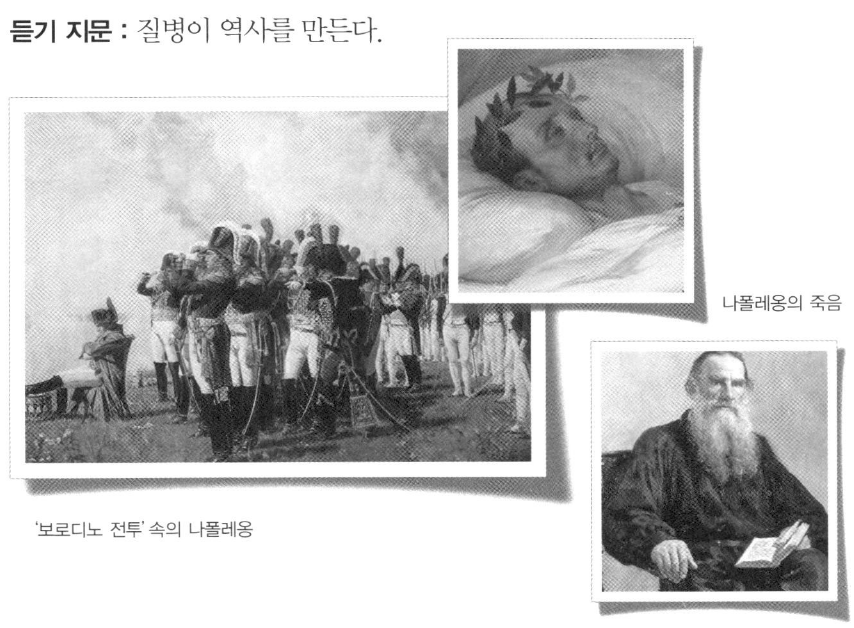

'보로디노 전투' 속의 나폴레옹

나폴레옹의 죽음

톨스토이

1 주장하는 내용을 간단히 정리하시오.

2 '질병이 역사를 만든다' 는 주장에 대해 두 가지 이상의 논거를 사용하여
찬성 혹은 반박하시오.

역사관에 대하여

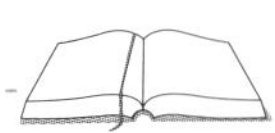

1 역사를 배워야 하는 이유에 대해 토의하시오.

2 〈읽고 말하기4〉에서 역사 기술은 '객관성을 유지해야 한다' 는 의견과 '주관성이 들어갈 수밖에 없다' 는 의견이 있었다. 역사에 대한 두 견해에 대해 어느 쪽에 찬성하고 반대하는지 토론하시오.

82

<table>
<tr><td>주관성의 개입</td><td>VS</td><td>객관성을 유지</td></tr>
</table>

역사에서 가정이 허락된다면?

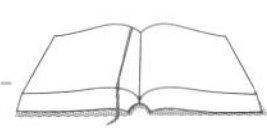

● 역사에서 '가정'이 허락된다고 할 때, 자신의 나라 역사 중 가상으로 바꾸고
싶은 시대와 사건을 정하여 가상의 역사를 기술하여 발표하시오.

● 다음 내용을 조사하여 시험 답안지를 만들어 보시오.

1 하회탈의 눈웃음이 어떤 의미를 지니는지 설명하시오.

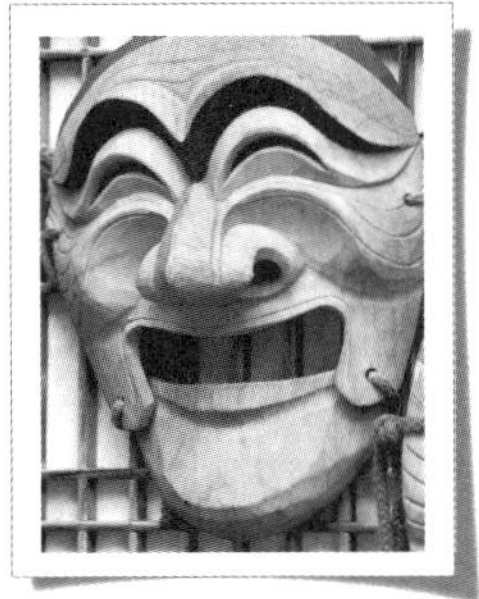

하회탈의 눈웃음은...

84

2 경주 불국사의 석가탑과 다보탑의 특징을 설명하시오.

3 다음을 읽고 물음에 답하시오.

　불확실한 전쟁을 영웅적으로 막아 낸 이야기들은 모두 흥미진진하다. 그런데 그 불확실함의 정도가 측정도 비교도 불가능할 만큼 크다면 흥분의 강도는 더더욱 높아질 수밖에 없다. 페르시아가 그리스 본토를 침공하여 정복하려 한 과정은 크세르크세스가 잡동사니 테러국이라 칭한 나라들의 독립을 넘어서는 중요한 의미를 지니고 있었다. 아테네인들은 어쩌면 외국인 왕의 백성이 되어 아테네 고유의 민주주의 문화를 발전시킬 기회를 영영 갖지 못했을 수도 있었다. 그리스 문명의 특징이 된 여러 가지 요소들도 생겨나지 못했을 것이다. 또한 로마로부터 물려받아 그리스가 현대 유럽에 전수해 준 유산도 피폐함을 면치 못했을 것이다. 하마터면 서구는 독립과 생존을 위해 싸운 최초의 전쟁에서 패하는 것에 그치지 않고, ‘서구the West’라는 실체 자체를 탄생시키지 못했을지도 모른다. 그런 점에서 페르시아 전쟁이 유럽 문명의 근원 신화가 되는 것은 지극히 당연했다. 페르시아 전쟁은 자유가 예종을 눌러 이기고 강건한 시민적 덕목이 무기력한 전제주의를 눌러 이긴 승리의 전형이었다. 실제로 종교 개혁의 여파로 ‘기독교

세계'라는 용어의 영향력이 퇴색하자 많은 이
상주의자들은 십자군 전쟁 대신 마라톤 전투와
살라미스 해전의 영웅성에서 서구적 덕목의 예
를 찾기 시작했다. 침략이 아닌 방어, 광신성
이 아닌 자유를 위한 투쟁에 더 큰 의미를 부
여한 것이다.

• 톰 홀랜드지음, 이순호 옮김, 『페르시아 전쟁』 중에서

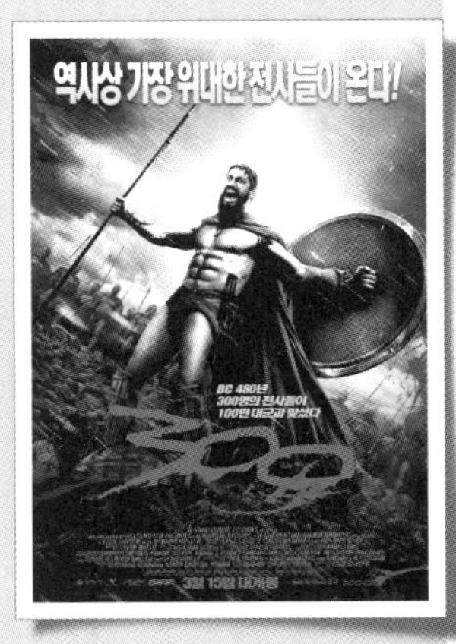

영화 〈300〉 포스터

(1) 위의 내용을 바탕으로 '요약하기', '설명하기', '논술하기'의 유형에 맞게
　 시험 문제를 예상하여 출제하시오.

(2) 위의 예상 문제 중 하나를 선택하여 답안을 작성하시오.

문제	
답	

언어와 문화

- 주제 정하기, 내용 조직하기

학습 목표

- 글의 구성과 전개 방법을 알아본다.
- 글의 문단을 이해하고 나눈다.
- 글의 주제를 정하여 내용을 구성한다.

구성

- 한국어 언어 생활의 문제를 제기한 기사를 읽는다.
- 언어와 문화의 관계에 대한 글을 읽는다.
- 글의 내용과 주제를 정하고, 문단을 나눈다.
- 주어진 정보를 분석, 정리한다.

도입 한국인의 국어 사용 능력의 문제점

　한국인의 국어 사용 능력이 낙제점을 한참 밑돌아 기준 점수의 절반 수준에 불과한 것으로 나타났다. 15일 문화 관광부는 서울대 민현식(국어교육과) 교수가 국어 사용 지표를 개발하면서 지난 해 8개월에 걸쳐 실시한 예비 조사 결과, 이같이 나타났다고 밝혔다. 중·고등 학생이 평균 31.26점, 대학생 34.23점, 일반인 29.81점으로 나타났다. 이 같은 점수는 민 교수가 6년 전 같은 난이도로 실시했을 때의 평균 50~55점에 비해 무려 20점 이상 떨어진 것이다.

• 김영희 기자, 『한겨레신문』 2002년 기사

 생각해 보기

● 한국인의 국어 사용 능력이 왜 점점 떨어진다고 생각하십니까?

● 언어 사용은 그 사회를 반영한다는 말이 있습니다. 현대 한국어의 사용 실태는 현대 사회에 어떤 점을 반영하고 있다고 생각하십니까?

우리 말을 올바르게 사용하자

● 다음 글을 읽고 물음에 답하시오.

　요즈음 우리의 국어 생활을 걱정하는 사람들이 많다. 거칠고 상스러운 말을 함부로 쓰거나, 다른 사람이 알아들을 수 없게 자기들끼리만 통하는 말로 이야기를 주고받는 사람이 많아지고 있기 때문이다.
　또 다른 나라에서 들어온 말이 지나치게 많이 사용되는 것도 우리의 국어 생활에서 반성해야 할 점이다. 다음의 예를 보자.

댄싱퀸 : 안냐세여!
터프가이 : 여기 중딩방가?
세일러문 : 아녀 아녀(도리도리)
터프가이 : 나이는 다덜 어케되나?
댄싱퀸 : 너 밥5쥐?

　이것은 컴퓨터 통신을 통한 대화의 한 장면이다. 이 대화에 참가하는 사람들의 이름을 보면 '댄싱퀸, 터프가이, 세일러문' 과 같이 영어로 되어 있음을 알 수 있다. 우리나라 학생들끼리 하는 대화인데 굳이 영어 이름을 쓸 필요가 있을까? 좋은 우리말이 있는데도 쓸데없이 외국말을 많이 쓰는 것은 우리말을 아끼고 사랑하는 사람의 자세가 아니다. 물론 다른 나라의 말이 우리나라에 들어와 쓰이게 되면 우리가 사용할 수 있는 단어의 수가 늘어난다는 장점이 있다. 하지만 그렇다고 해서 외국말이 들어오는 대로 모두 국어처럼 사용한다면 국어는 제 모습을 유지하기 힘들 것이다.
　외국말을 지나치게 많이 쓰는 것 말고도 국어의 일반적 규범을 깨뜨리는 행위도 반성할 점이다. 위의 예에서도 "안녕하세요!"를 "안냐세여!"로 쓰고 "바보지?"를 "밥5쥐?"로 하였다. 이는 맞춤법과 표기법을 무시하는 행위로 국어를 올바르게 사용하는 태도가 아니다. 물론 이런 말들이 통신 비용을 줄이고 글자를 입력하는 데 편하다는 장점은 가지고 있다. 하지만 이런 말들을 통신에서만이 아니라 일상적인 대화나 글에서도 분별없이 마구 씀으로써 문제는 더욱 심각해진다. 국어를 바르게 쓰기 위해서는 국어를 사랑하는 마음을 가지고 자기의 말에 신경을 써야 한다.

• 중1 생활국어 4단원 중에서

 **단어와 표현**

규범, 맞춤법(한글맞춤법), 분별없이, 쓸데없이, 표기법, 함부로

거칠다, 마구 쓰다, 상스럽다, 입력하다, 지나치다, 함부로 쓰다

1 채팅, 문자메시지 등의 통신 언어에서 나타나는 현상은 무엇인가? 이런 현상은 왜 일어나는지 이야기해 보자.

2 만약 한국어를 위와 같은 상태로 계속 사용하게 된다면 어떤 문제점이 생기겠는가?

3 한국어를 파괴하지 않고 지켜 나가기 위한 방법에 대해 이야기해 보자.

 통신 언어의 특징

● 다음을 잘 듣고 물음에 답하시오.

1 통신 언어의 특징을 설명하시오.

①
②
③
④
⑤

2 들은 내용에서 글을 완성하기 위해 (   ) 안에 알맞은 말을 넣으시오.

> 컴퓨터 통신 언어는 다양한 특징을 보이고 있는데, 이러한 특징들은 (   )과 (   )을 추구하는 방향으로 진행되고 있다.

3 통신 언어의 장점에 대한 내용을 요약하시오.

4 일상생활에서 쓰이는 일상어와 컴퓨터와 휴대전화에서 쓰이는 통신 언어는 어떤 관계를 맺으며 발전하겠는가?

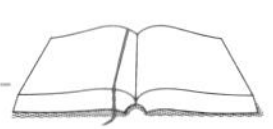

● 다음 글을 읽고 질문에 답하시오.

　통신 기술의 발달로 지구 전체가 아예 한 마을이 되었다. 그래선지 언제부터인가 지구촌이라는 말이 그리 낯설지 않다. 그렇게 많은 이들이 우려하던 세계화가 바야흐로 우리 눈앞에서 적나라하게 펼쳐지고 있다. 세계는 진정 하나의 거대한 문화권으로 묶이고 말 것인가?

　요사이 우리 사회는 터진 봇물처럼 마구 흘러드는 외래 문명에 정신을 차리지 못할 지경이다. 세계화가 미국이라는 한 나라의 주도하에 이루어지고 있다. 일본은 얼마 전 영어를 아예 공용어로 채택하는 안을 검토하고 있다. 문화 인류학자들은 이번 세기가 끝나기 전에 대부분의 언어들이 이 지구상에서 자취를 감출 것이라고 예측한다. 언어를 잃는다는 것은 곧 그 언어로 세운 문화도 사라진다는 것을 의미한다. 우리가 그토록 긍지를 갖고 있는 우리말의 운명은 과연 어떻게 될 것인가.

　20세기가 막 시작될 무렵, 뉴욕 센트럴 파크의 미국 자연사 박물관 앞 계단에서 몇 명의 영국인들이 자못 심각한 토의를 하고 있었다. 미 대륙을 어떻게 하면 제2의 영국으로 만들 수 있을 것인지를 논의한 것이다. 그들은 이미 미국의 동북부를 뉴잉글랜드, 즉 '새로운 영국'이라 이름지었지만 그보다는 좀더 본질적인 영국화를 꿈꾸었다. 그들이 생각해 낸 계획은 참으로 기발하고도 지극히 영국적인 것이었다. 셰익스피어의 작품에 등장하는 영국의 새들을 몽땅 미국 땅에 가져다 풀어 놓자는 계획이었다. 그러면 미국은 자연스레 영국처럼 될 것이라는 믿음이었다.

　그래서 그 후 몇 차례에 걸쳐 그들은 영국 본토에서 셰익스피어의 새들을 암수로 쌍쌍이 잡아와 자연사 박물관 계단에서 날려 보내곤 했다. 셰익스피어의 작품에 등장하는 새들의 종류가 얼마나 다양한지는 모르지만, 그 영국계 미국인들은 참으로 몹쓸 짓을 한 것이다. 그 많은 새들은 낯선 땅에서 비참하게 죽어 갔고, 극소수만이 겨우 살아남았다. 그런데 그들 중 유럽산 찌르레기는 마치 제 세상이라도 만난 듯 퍼져 나가 불과 100년도 채 안 되는 사이에 참새를 앞지르고 미국에서 가장 흔한 새가 되었다.

　우리나라에도 몇몇 도입종들이 활개를 치고 있다. 예전엔 청개구리가 울던 연못에 요즘은 미국에서 건너온 황소개구리가 들어앉아 이것저것 닥치는 대로 삼키고 있다. 어찌나 먹성이 좋은지 심지어는 우리 토종 개구리들을 먹고 살던 뱀까지 잡아먹는다. 토종 물고기들 역시 미국에서 들여온 블루길에게 물길을 빼앗기고 있다. 이들이 어떻게 자기 나라보다 남의 나라에서 더 잘 살게 된 것일까?

　도입종들이 모두 잘 적응하는 것은 결코 아니다. 사실, 절대 다수는 낯선 땅에 발도 제대로 붙여 보지 못하고 사라진다. 정말 아주 가끔 남의 땅에서 들풀에 붙은 불길처럼 무섭게 번져 나가는 것들이 있어 우리의 주목을 받을 뿐이다. 그렇게 남의 땅에서 의외의 성공을 거두는 종들은 대개 그 땅의 특정 서식지에 마땅히 버티고 있어야 할 종들이 쇠약해진 틈새를 비집고 들어온 것들이다. 토종이 제자리를 당당히 지키고 있는 곳에 쉽사리 뿌리내릴 수 있는 외래종은 거의 없다.

　제 아무리 대원군이 살아 돌아온다 하더라도 더 이상 타문명의 유입을 막을 길은 없다. 어떤 문명들은 서로 만났을 때 충돌을 면치 못할 것이고, 어떤 것들은 비교적 평화롭게 공존하게 될 것이다. 결코 일반화할 수 있는 문제는 아니겠지만 스스로 아끼지 못한 문명은 외래 문명에 텃밭을 빼앗기고 말 것이라는 예측을 해도 큰 무리는 없을 듯싶다. 내가 당당해야 남을 수용할 수 있다.

　영어만 잘하면 성공한다는 믿음에 온 나라가 야단법석이다. 배워서 나쁠 것 없고, 영어는 국제 경쟁력을 키우는 차원에서 반드시 배워야 한다. 하지만 영어보다 더 중요한 것은 우리 한글이다. 한술 더 떠 일본을 따라 영어를 공용어로 하자는 주장이 심심찮게 들리고 있다. 그러나 우리글을 제대로 세우지 않고 영어를 들여오는 일은 우리 개구리들을 돌보지 않은 채 황소개구리를 들여온 우를 또다시 범하는 것이다. 영어를 자유롭게 구사하는 일은 새 시대를 살아가는 필수 조건이다. 하지만 우리 한글을 바로 세우는 일에도 소홀해서는 절대 안 된다. 황소개구리의 황소 울음 같은 소리에 익숙해져 청개구리의 소리를 잊어서는 안 되는 것처럼.

• 최재천, 『생명이 있는 것은 다 아름답다』 중에서

지구촌, 문화권, 봇물, 주도하에, 인류학자, 자취, 긍지, 자못, 몽땅, 본토,
암수, 쌍쌍이, 몹쓸짓, 외래종, 물길, 토종, 텃밭, 야단법석, 도입종, 서식지,
특정, 유입, 주목, 제 아무리

적나라하다, 펼쳐지다, 묶이다, 채택하다, 감추다, 기발하다, 비참하다,
닥치다, 쇠약해지다, 심심찮다, 소홀하다, 활개(를) 치다, 수용하다,
우를 범하다, 구사하다

1 영국인들이 미국을 영국화하기 위해 어떤 방법을 사용했는가?

2 이 글은 '외래어와 우리말'에 대한 글이다. 외래어와 우리말을 비유하는 표
현이 들어 있는데, 어떤 것인가?

95

외래어

우리말

3 이 글의 주제문을 써 보자.

4 우리의 것을 지키면서 외래 문물을 받아들이는 방법에 대해 토의해 보자.

　영어 공용화 찬반 논쟁

track 11

● 다음을 잘 듣고 물음에 답하시오.

1 '영어 공용화' 란 무엇인가?

2 인도나 필리핀에서 영어 공용화가 성공할 수 있었던 특별한 이유는?

3 선진국인 일본의 경우 영어를 못해도 자국민들이 세계의 흐름을 따라잡을 수 있게 한 방법은 무엇인가?

4 영어 공용화에 반대하는 쪽에서 바라보는 진정한 국제화는 무엇인가?

5 영어 공용화에 찬성하는 쪽에서 공용화의 필요성에 대해 몇 가지를 들고 있는데 그것을 정리하시오.

①
②
③

영어 공용화, 과연 필요한 것인가?

● 영어공용화에 대한 찬반 의견을 나누어 토론해 보자.

삼성전자 영어 공용화 시동
인트라넷 내년부터 영어 전용, 2010년 수원
공장 모든 회의 영어로만 진행

삼성전자가 내년부터 영어를 공용어로
활용하는 방안을 추진 중이다.
삼성전자 전체 임직원 16만 명
가운데 절반 가량이 외국인인
만큼 영어를 공용어로 쓰는
의사소통의 국제화가
필수적이라고 판단한 데
따른 것이다.

vs

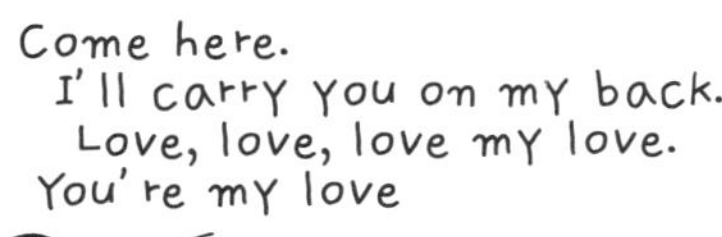

1 영어를 공용화하자는 의견에 반대하는 입장과 찬성하는 입장의 이유를 정
리해 보시오.

2 영어를 공용화했을 때 발생하는 긍정적인 면과 부정적인 면을 토론하고 의
견을 정리해 보시오.

언어와 문화

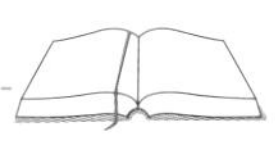

● 다음 신문 기사를 보고 글쓰기 주제를 정해 봅시다. 그리고 어떻게 전개해 나갈 것인지 구성을 생각해 봅시다.

다른 언어를 쓰면 성격도 달라진다?

미국 사이언스데일리는 지난 26일 '각기 다른 언어를 사용할 때마다 성격의 변화가 나타난다는 흥미로운 연구 결과가 나왔다'고 보도했다. 연구 팀은 피실험단에게 스페인어 버전과 영어 버전의 똑같은 TV광고 한편을 보도록 했다. 그들은 영어 또는 스페인어로 광고를 보았고 6개월 뒤 반대 언어의 광고를 다시 봤다. 그 결과 피실험자들은 스페인어 광고의 주인공은 매우 독립적이며 외향적이며 자신감 있는 여성으로 인식한 반면에, 영어 광고의 주인공은 고독하고 내성적이며 무기력한 여성으로 인식하고 있다는 사실을 냈다.

버룩 컬리지의 데이비드 루나David Luna박사는 '실험에 참가한 여성들은 영어를 사용할 때보다 스페인어를 사용할 때 더 자신감 있고 당당한 모습을 보였다'면서 '각기 다른 언어는 개인의 인식 및 타인을 보는 관점에 영향을 끼치며 언어에 따라 각기 다른 성격을 보인다'고 말했다.

• 송혜민 기자, 『서울신문』 2008년 6월 27일자

1 윗글에서처럼 언어마다 가지고 있는 특성이 있습니다 어떤 것이 있는지 생각해 보시오.

2 자신의 언어와 한국어의 차이는 무엇이라고 생각하는가? (소리, 어휘, 문장 등)

3 자신의 언어나 한국어에서 사회적인 모습이나 문화적인 특징을 잘 나타내는 것이 있다면 발표해 보시오.

● 다음 글을 참고하여 각 나라의 언어 보호 정책을 조사하여 발표하시오.

영어 예산의 10%만 투자해도

올해는 세종대왕이 훈민정음을 이 세상에 펴낸 지 오백예순세 돌이 되는 해다. 그래서 다양한 행사가 지난주에 있었다. 그 가운데 두 가지 뜻깊은 일을 꼽을 수 있다. 첫째는 서울의 상징거리라 할 광화문 앞 세종로에 세종대왕 동상을 세우고 '세종이야기'라는 세종대왕 업적을 첨단기술로 장만한 전시관을 개관하였다는 것이다. 문화, 과학, 국방, 정치 분야에서 큰 덕을 쌓은 대왕을 세종로에서 기념하게 되었다는 것은 의미 있는 일이다. 둘째는 세계 한국어 교육자 대회를 개최하였다는 것이다. 늦은 감이 있지만, 이 시점에서 한 번쯤 외국에서의 한국어 교육을 되살펴보고 앞으로 지향할 바람직한 방향을 논의한 것은 대단히 의미 있는 일이다.

한국어를 사용하는 사람은 세 유형으로 나뉜다. 첫째는 제1언어로 즉 모국어로 사용하는 경우이다. 한반도의 주민이 여기에 속한다. 둘째는 제2언어로 사용하는 경우이다. 중국, 일본, 미국, 중앙아시아를 비롯한 세계 각 나라에 살면서 각각 중국어, 일본어, 영어, 러시아어 등 그 나라 언어를 제1언어로 사용하면서 가정 언어, 지역 언어로 한국어를 사용하는 경우이다. 재외동포들이 이에 해당한다. 셋째는 외국어로서 한국어를 배워 사용하는 경우이다. 최근 우리나라가 경제적으로, 문화적으로 발전하면서 한국어를 배우려는 세계인들이 늘어나고 있다. 외국에서 한국어 능력 시험에 응시하는 수가 1997년에 2,274명이던 것이 2009년에는 무려 18만명에 이른 것을 보면 이를 확인할 수 있다. 세계 속에서 한국어의 비중은 상당한 수준에 이르렀다.

높아진 세계 속 한국어 위상

그런데 이번 세계 한국어 교육자 대회에서는 우리나라가 어디에 더 관심을 가지고 지원해야 할 것인가에 대한 진지한 토론이 있었다. 위의 둘째 유형에 속하는 재외동포들은 자라나는 자녀들이 한국어와 한국 문화를 잊지 않고 잘 배울 수 있도록 민족어 교육 차원에서 지원해야 한다고 주장하였고, 위의 셋째 유형에 속하는 외국인들은 진정한 한국어의 세계화를 위해서는 외국인들이 한국어를 더 많이 배울 수 있도록 세계어 교육 차원에서 지원해야 한다고 주장 하였다. 외국의 대학뿐만 아니라 초·중등학교에서 정규 과목으로 한국어를 가르칠 수 있도록 지원해 줄 것을 주문하였다. 그러나 한국어 교육의 관심 대상 은 둘 가운데 어느 것이 더 중요하고 덜 중요하다 할 것이 아니라고 본다. 우리 는 민족어로서 한국어와 세계어로서 한국어, 두 대상에 모두 깊은 관심을 가져야 한다. 물론 여기에는 재정 지원이 문제가 된다. 이에 대해서는 이번 대회에 참석 하였던 캐나다의 로스 킹 교수의 제안을 귀담아 들을 만하다. 그는 우리 정부 와 지방자치단체가 영어 교육에 투자하는 예산은 한국어 보급에 투자하는 예 산과 비교되지 않을 정도로 많다고 하였다. 따라서 영어 교육 예산의 10퍼센트 만이라도 외국의 한국어 교육에 투자할 것을 호소하였다.

이번 대회에서 논의된 또 하나의 주요 쟁점은 세계 곳곳에서 활동하는 한국 어 교육자들의 상호 연결망 구축이었다. 한국어 교육자의 전문성을 향상하고 교육과정과 교재 수준을 높이는 데 꼭 필요한 장치이기 때문이다. 아울러 한국 어 교육에서 문화 상호주의를 바탕으로 해야 한다는 논의도 주목할 일이었다.

'한글학당' 수년내 500곳 세워

최근 정부는 한국어와 한글의 국제적인 경쟁력을 향상시키기 위하여 '세종 사업'을 국가의 핵심 과제로 추진하기로 하였다. 이러한 세종사업의 하나로 외국에서의 한국어 교육을 적극적으로, 그리고 체계적으로 지원하기 위하여 한국어 각종 교육 기관을 '세종학당'으로 통합하여 운영하기로 하였다. 독일 의 괴테 인스티튜트, 프랑스의 알리앙스 프랑세즈, 중국의 공자학원처럼 우리 도 몇 년 안에 오백 곳 이상의 세종학당을 설치하여 외국에서 한국어 배우기를 원하는 모든 사람들에게 교육의 기회를 제공하는 것이다. 물론 이 일은 정부만 의 힘으로는 어렵다. 국내는 물론 세계 곳곳에 있는 한국어 교육자들이 모두 힘을 모아야 할 것이다. 그러한 의미에서 이번에 열린 세계 한국어 교육자 대 회에서 세계인들의 다짐은 한국어 세계화에 새로운 계기가 될 것이다.

• 권재일(국립국어원 원장), 『경향신문』 오피니언, 2009년 10월 14일자

 글쓰기 주제 정하기

다음은 글쓰기의 주제를 정할 때 꼭 염두에 두어야 할 사항이다.

1 주제의 구체성

막연하고 모호한 주제 또는 너무 광범위한 주제는 피한다. 추상적인 내용보다는
구체적인 내용을 주제로 삼는다.

예

- '한국의 음식 문화' 보다는 '한국 음식 문화의 특징' 으로
- '한국과 중국의 차이점' 보다는 '한국어와 중국어의 한자어의 의미 차이' 로

2 주제의 시의성

고루하고 식상하지 않으며, 최근 논란이 되고 있는 주제를 선택한다.

예

- 대학생들의 학생 운동 현황
- 미국발 금융위기의 원인과 해결 방안
- 된장녀와 사회 현상의 관계
- 실업률 증가와 해결 방안

3 주제의 확실성

사실을 확인할 수 없거나 자료를 구할 수 없거나 이해하기 어려운 것은 피한다.

예

- 오존층이 파괴되는 원리와 전개 방향
- 20년 후의 한국어의 상황

 다음 글쓰기 내용 중 적절한 주제와 적절하지 않은 주제를 찾아보시오.

> 사형제도 폐지론, 한중 경제 발전, 오존층 파괴, 중국의 교육제도, 한미 FTA,
> 영어 공용화, 저출산의 원인과 출산 정책, 다문화 시대, 지구 온난화의 진행 속도

🔑 글의 내용 조직하기

1 다음의 주제로 글을 쓸 때 어떤 내용을 쓸 것인지 조직해 보시오.

내용 조직 활동

> '통신 언어가 언어생활에 미치는 영향'에 대해 글을 써 보자.
> 무엇에 대해 생각해 보아야 하는가?

가. 한국인들의 한국어 사용 실태를 찾아본다.

(1) 자신이 알고 있는 한국어 중에 잘못 쓰거나 유행하는 말이 있는가?

(2) 채팅할 때나 문자메시지 보낼 때 사용하는 한국어 중에 올바르지 않은
표현들은 무엇이 있는가?

나. 일반 언어와 통신 언어의 차이, 장단점에 대해 알아본다.

(1) 일반 언어와 통신 언어는 어떻게 다른가?

> 안녕하세요? 선생님. 반가워요.　　VS　　안냐세여! 쌤. 방가방가

(2) 통신 언어가 일반 언어와 달라진 이유는 무엇이라고 생각하는가?

> 신속성을 위해 줄여 쓴다.
> 같은 통신 수단을 이용하는 사람끼리 유대감을 형성한다.
> 재미있고 즐겁다

다. 통신 언어가 일반 언어에 미치는 긍정적인, 또는 부정적인 영향을 알아본다.

　(1) 일반 언어에 어떤 긍정적인 영향을 미치겠는가?

　(2) 부정적인 영향에는 어떤 것이 있는가?

라. 올바른 언어 생활을 위한 대책 방안 (개인, 교육 기관, 정부 등)

　(1) 올바른 언어 생활을 위해 개인이 할 수 있는 일은 무엇인가?

　(2) 교육 기관이나 정부가 할 수 있는 일은 무엇인가?

2 다음은 앞의 내용을 표로 만든 것이다. 표의 빈 칸에 들어갈 내용을 채워 보자.

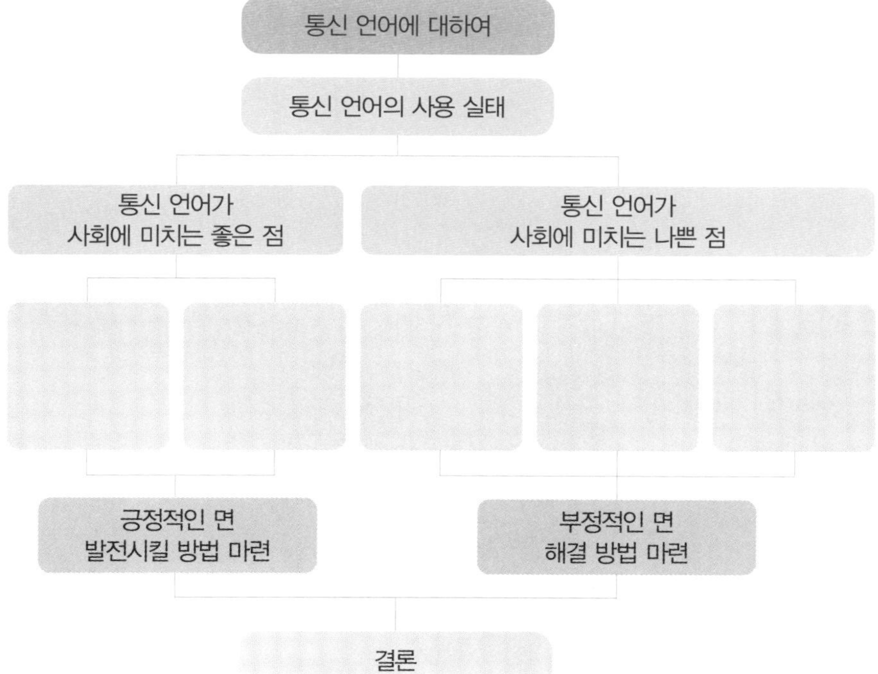

3 주제를 정하고 내용을 정하여 조직해 보자.

'________________'에 대해 글을 써 보자.
무엇에 대해 생각해 보아야 하는가?

가	
① ② ③	

나	
① ② ③	

다	
① ② ③	

라	
① ② ③	

1 '자국의 언어와 한국어의 소리, 형태, 문장 구조에 대해여'라는 글을 쓰려고 한다. 주제를 정하고 어떤 구성으로 쓸 것인지 내용을 조직해 보자.

2 '여러 나라의 언어 보호 정책에 대한 비교'라는 글을 쓰기 위해 내용을 조직해 보자.

경제와 생활

• 보고서 작성법

학습 목표

- 사회와 경제 활동의 상관관계에 대해 이해한다.
- 경제 문제로 야기되는 여러 가지 문제에 대해 이해한다.
- 리포트 작성법에 대해 이해한다.
- 자료 찾는 방법, 및 참고 문헌 작성법을 이해한다.

구성

- 경제 용어를 알아본다.
- 인플레이션과 실업 문제에 대한 글을 읽는다.
- 금융 위기와 실업에 관련된 글을 읽는다.
- 금융 위기에 대한 원인, 해결책에 대해 토론한 후 보고서를 써 본다.
- 기존 자료에 있는 내용을 인용해 본다.

도입 요즘 경제 문제는?

경제 문제

유가 급등

주가 폭락

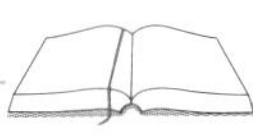

부동산 폭등

실업 증가

인플레이션

무역 협정

환율 상승

생각해 보기

● 다음 용어들은 무슨 뜻인가? 이것들은 우리 사회에 어떤 영향을 미치는가?

● 최근 가장 문제가 되고 있는 경제 문제는 무엇인가?

 인플레이션이란 무엇인가?

● 다음 글을 읽고 질문에 답하시오.

세계 경제는 최근 화폐의 가치가 하락하고 물가가 지속적으로 상승하는 인플레이션이라는 커다란 벽에 부딪히고 있다.

과거 70년대는 1, 2차 오일 쇼크oil shock가 물가 급등을 동반해 스태그플레이션을 가져 왔었는데 그 당시에는 일정 기간의 경기 침체가 진행된 후 인플레이션이 소멸하였다. 80~90년대에는 처음에는 경제가 호황이었으나 물가가 급등하는 바람에 인플레이션이 심화되었다. 그러나 그 이후 디플레이션 진입 과정을 거쳐 인플레이션이 소멸하는 과정이 일어났다.

그렇다면 2000년대 발생한 인플레이션은 과연 어떤 배경을 가지고 있는 것인가. 그 배경은 중국과 인도와 같은 신흥 경제국의 급속한 성장이 진행되고 국제 원자재 가격이 상승하면서 발생된 것이다. 주요 상품들의 수요가 공급을 초과하면서 발생한 실물 가격 급등에서 생긴 것이다.

고성장 전략을 취한 중국과 인도는 세계 석유 수요의 절반 이상을 차지하고 있다. 중국 및 인도의 지속적인 급성장은 에너지, 식품, 원자재 등에 대한 급격한 수요 증가를 초래함으로써 기초 원자재 가격의 급등 요인으로 작용하게 된 것이다. 글로벌 차원에서 자원이 부족하기 때문에 원자재 가격이 상승을 하는 인플레이션이 발생한 것인데, 이런 인플레이션의 부담은 주변 국가들의 성장을 약화시키고 있다.

고성장, 공급, 급등, 디플레이션(deflation), 수요, 신흥 경제국, 실물 가격, 스태그플레이션(stagflation), 원자재, 오일 쇼크(oil shock), 인플레이션(inflation), 전략, 진입, 차원, 호황

급격하다, 동반하다, 벽에 부딪히다, 소멸하다, 약화시키다, 지속적이다, 초과하다, 초래하다

1 과거 70년대 1·2차 오일 쇼크는 어떤 사건이었는가?

2 1970년대와 2000년대의 인플레이션의 원인은 어떻게 다른지 비교해 보시오.

3 인플레이션 현상이 일어나면 어떤 문제가 일어나는지 토의해 보시오.

여러 가지 경제 현상들

● 다음을 잘 듣고 물음에 답하시오.

1 인플레이션은 무엇인가?

2 인레이션을 잡기 위해 통화량을 줄이지 못하는 이유는 무엇인가?

3 인플레이션과 실업은 어떤 관계인가?

112

금융 위기와 실업률

　휴 · 폐업, 명예 퇴직, 정리 해고. 경영 악화 등 불경기로 인한 실직자가 3년 만의 최대 수준으로 불어났다. 이와 함께 작년도 실직은 건설, 제조, 서비스업 분야에서 상대적으로 많이 발생한 것으로 나타났다.

　17일 통계청에 따르면 직장을 떠난 지 1년 미만된 실업자는 지난해 월평균 63만1천명에 달해 전년도의 58만9천 명보다 7.1%, 4만2천 명이 늘었다. 이중 명예 퇴직, 조기 퇴직. 정리 해고. 휴 · 폐업. 경영 악화 등 불경기의 여파로 직장을 떠난 사람은 전년보다 11.3%나 증가한 22만7천 명으로 집계됐다. 이런 불경기 실업자는 2001년 26만7천 명에서 2002년 17만 명으로 줄었다가 2003년에 20만4천 명으로 늘어난 데 이어 2004년에는 23만 명 수준에 육박했다.

　불경기 실직자 가운데 일거리가 없거나 사업 경영이 악화돼서 실직된 사람은 15만6천명으로 전년의 13만6천 명에 비해 14.7%나 증가했고 2002년의 12만5천 명보다는 24.8%가 늘어났다.

　명예 퇴직, 조기 퇴직, 정리 해고에 해당되는 실직자는 3만1천 명으로 전년의 2만8천 명보다 10.7%가 증가했으며 2002년의 2만2천 명에 비해서는 40.9%나 급증했다. 직장의 휴업, 폐업으로 직장을 떠나야 했던 1년 미만의 전직 실업자는 4만 명으로 전년과 같은 수준이었으나 2002년의 2만3천 명에 비해서는 73.9%나 늘었다.

　한편, 불경기 실직자에 해당되지 않으나 개인적 이유나 건강, 시간, 보수 불만 등으로 직장을 떠난 사람은 32만8천 명으로 전년의 32만3천 명에 비해 5천 명이 증가했다.

　산업별로는 건설업이 10만4천 명으로 전년의 8만3천명보다 25.3%나 늘어나 증가 폭이 가장 컸다. 제조업은 11만 명에서 11만8천명으로 7.3%가 늘었고 사업. 개인. 공공 서비스, 기타는 15만2천 명에서 16만4천 명으로 7.9%가 증가했다. 반면, 도소매, 음식, 숙박업은 19만7천 명으로 전년의 19만4천 명에 비해 3천명이 늘어나는데 그쳤고 전기, 운수, 통신, 금융은 4만5천 명에서 4만2천 명으로 6.7%가 오히려 줄었다.

• 윤근영 기자, 『연합뉴스』, 2005년 1월 17일자

도소매, 명예 퇴직, 미만, 보수 불만, 숙박업, 악화, 여파, 운수, 정리 해고, 제조업, 폐업, 휴업

그치다, 급증하다, 불어나다, 육박하다, 집계되다

1 최근 실직자가 많이 증가하는 원인에는 어떤 것이 있는가?

2 어떤 분야에서 실직자가 많이 생기는가?

3 2005년에 건설업계에서 실직자의 증가 폭이 컸는데, 그 원인은 무엇인지 조사해 보자.

4 실직자가 증가하면 할수록 발생되는 문제는 어떤 것이 있는가?

금융 위기란 무엇인가?

● 다음을 잘 듣고 물음에 답하시오.

1 환율과 수출, 수입의 관계를 나타내는 내용으로 알맞지 않은 것은 무엇인가?

① 환율이 내려가면 한국돈(원화)의 가치는 올라간다.
② 수출은 줄어들고 수입은 늘어날 것이다.
③ 수출은 늘어나고 수입은 줄어들 것이다.
④ 기업들이 생산한 제품은 국제 시장에서 가격 경쟁력이 떨어질 것이다.

2 다음 그래프를 보고 환율이 떨어지는 시기를 찾아보시오.

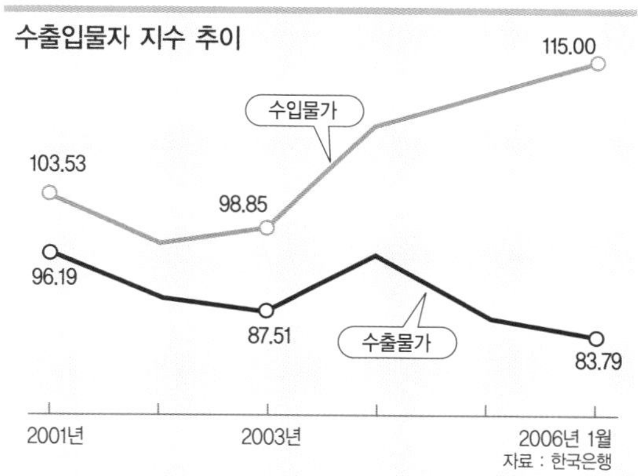

3 환율이 떨어지면 이익을 보는 분야와 손해를 보는 분야는 무엇인가?

시장과 복지

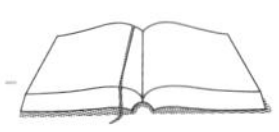

1 다음 그래프에서 보이듯이, 물가와 실업률은 반비례의 관계에 있다. 물가가 상승하더라도 통화를 억제해 실업률을 낮추어야 할까?

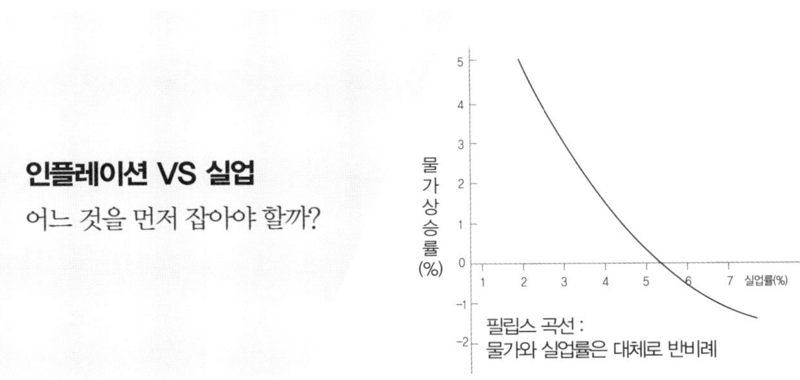

2 다음 상반되는 두 글을 읽고, 정부가 시장에 개입하는 것은 옳은 것일지 토론해 보시오.

역효과 부르는 정부의 시장 개입

정부는 사회적 선택들에 전념하고 개인적 선택들은 시장에 맡기는 것이 우리 사회의 기본 원리다.

정부가 시장의 영역에 들어와서 간섭하면 당연히 갖가지 부작용이 나온다.

• 『세계일보』, 「복거일 칼럼」, 2007년 4월 16일자

시장 실패 땐 정부가 거침없이 개입해야

이헌재 전 경제부 총리는 28일 "남대문 화재 때 초기 진압을 잘했으면 기왓장 몇 장 태우고 말았겠지만 여기에 실패해 몽땅 타버렸다."며 "시장 실패에 대해서는 정부가 거침없이 개입해야 한다."고 강조했다.

• 『한국일보』, 2008년 11월 28일자

3 다음에 제시된 상반된 사례를 참고하여, 복지를 향상시키기 위해 세율을 높여야 할지 말아야 할지, 또한 이에 따른 문제점들은 무엇인지 토론해 보시오.

핀란드의 '노키아' 라는 세계에서 가장 큰 휴대전화 기업이 높은 세율에 반발해 해외 이전을 검토해 대량 해고를 양산할 뻔한 해프닝이 벌어지기도 했다. 세율 상승의 압박은 점점 더 거세어지고 있고 앞으로도 그럴 것이다.

미국, 영국, 아일랜드도 올해 들어 고소득자에 대한 소득세를 인상했고 다른 여러 선진국들도 인상을 검토 중이다. 소득세를 올리게 되면 그 돈으로 많은 국민들에게 여러 가지 복지 혜택을 누리게 할 수 있다.

4 다음 신문 기사처럼 정부는 일자리 창출을 '일자리 나누기' 방법으로 해결하려고 한다. 이것은 과연 어떤 장점과 문제점을 가지고 있는지 토의해 보시오.

'인턴 세대' '삭감 세대' 우울한 별칭

- 인턴 세대 – 정규직 보장 안 돼 불안
- 삭감 세대 – 정부 정책에 신입만 희생

잡세어링
'일자리 나누기'는 영어의 'job-sharing'을 한국어로 번역한 것이다. 노동 시간을 줄임으로써 그에 해당하는 임금을 낮추고 거기서 남는 임금과 시간으로 노동자를 더 고용하는 정책 또는 회사의 경영 방침을 이르는 말이다.

지난해 '88만원 세대' 로 불리던 청년 구직자들에게 올해는 '인턴 세대' '삭감 세대' 라는 별칭이 추가됐다. 이 명박 대통령이 "임금을 낮춰 고용을 늘리는 '잡세어링(일자리 나누기)' 방법을 강구해 보라."고 지시한 뒤 대졸 신입사원 초임을 깎아 단기 인턴 채용을 늘리는 기업들이 늘어나고 있기 때문이다. 이에 따라 청년 구직자들이 '한시적 공공근로자' 나 '단기 비정규직' 이 되고 있다.

• 김다슬 · 박수정 기자, 『경향신문』, 2009년 3월 9일자

 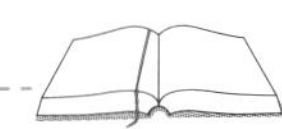

실업률을 줄이는 방법은?

● 세계에서 벌어지고 있는 여러 경제 문제로 실업률은 점점 높아지고 있다.
실업률을 줄이는 방법으로 어떤 방법들이 있는지 조사하여 발표해 보자.

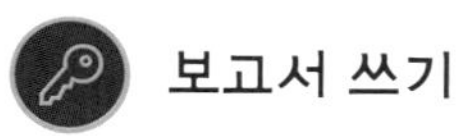

보고서 쓰기

1 보고서는 왜 쓸까?

보고서를 쓰는 목적은 다양하다. 보통 수업의 과제 제출·발표와 연관되는 보고서 (보통 리포트라고 부른다)는 어떤 주제에 대해 작성자 스스로가 조사하고 연구하는 능력을 기르기 위한 것이다. 그것을 통해 작성자는 강의와 관련된 지식을 쌓고 논리적인 사고 훈련을 거치며 비판적인 안목을 길러 나간다. 또한 다양한 채널로 자료들을 조사해 보면서 강의실에서는 미처 이루어질 수 없는 정보 수집 능력도 배양될 수 있을 것이다. 이렇게 치밀하고 성실하게 작성된 보고서는 작성자 본인의 학습 이해도를 바로 판단할 수 있는 가늠자가 된다.

2 보고서 작성법

개요 작성

① 주제 정하기
② 서론, 본론, 결론의 구성
③ 서론은 배경, 일반적인 이야기로
④ 본론은 세부 항목을 체계적인 층위로 배치
⑤ 결론은 자신의 주장이 드러나게

목차

1) 머리말
2) 청년 실업의 현황과 문제점
   2.1) 현황
   2.2) 실업의 원인…
3) 중, 장기 대책
4) 맺음말

1. 학술적으로 의미 있는 주제를 잡는다.
2. 주제와 관련된 자료를 찾는다.
3. 자료를 정리한다.
4. 글의 틀(개요)를 작성한다.
5. 설명, 논증 등의 방법을 활용하여 글을 쓴다.
6. 주석을 달고 참고문헌 목록을 작성한다.
7. 글이 잘못된 부분이 없는지 다시 확인한다.
8. 표지, 목차 등 형식적인 것들을 만든다.

자료 찾기

핵심어만으로:
www. riss4u.net
(한국학술정보원)
정확한 제목으로:
http://lib.skku.edu
(성균관대 중앙학술정보관)
www.nanet.go.kr
(국회도서관) 등등

표지

대학생들의 소비 생활

과 목: 한국어
담당교수: ㅇㅇㅇ
학과:
학번:
이름:

3 보고서의 실례

(1) 표지의 예

중국의 FTA 정책과
한 · 중 FTA 전망

과목명: 한국어
담당 교수: 이＊＊
학과: 정치외교학과
학번: 2007314541
이름: 동＊＊
제출일: 2008.12.10.

(2) 목차의 예

(3) 서론의 예 1

1. 서론

20세기 후반부터 세계화의 조류와 더불어 세계경제 흐름의 대세로 자리 잡은 지역주의는 21세기에 들어서면서부터 급물살을 타고 있으며, 대표적인 예로 EU의 출범이나 NAFTA 등을 들 수 있다[1]. 이러한 흐름 속에서 지리적으로 인접한 국가나, 각종 분야에서 교류가 있던 국가들 사이에 경제적 협력을 이룩하려는 움직임이 활발해지고 있고 그 방법 중의 하나로 FTA가 적극 활용되고 있다.

1992년 한중 수교 이후 양국은 경제적 협력 속에 긴밀한 관계를 유지해 오고 있다. 외교 관계에 있어서도 1992년 단순 외교에서 시작된 한국과 중국관계는 2003년 전면적 협력 동반자 관계에서 이명박 정권에 들어오면서 전략적 동반자 관계로 외교적 단계가 격상되며, 경제에서 시작된 한·중 관계가 정치, 외교, 군사 문화 등 다방면으로 확대되고 있다. 한국의 경우 대중 경제 교역은 미국, 일본을 합친 것보다도 더 많은 교역 활동이 이루어지고 있고, 3만개 이상의 한국의 중소기업들이 중국에 진출하고 있다. 중국에 있어서 한국은 2007년 중국 통계국 공보 자료에 근거하면, 유럽연합, 미국, 홍콩, 일본, 아세안에 이어 6번째 수출국이며, 한국으로부터 일본, 유럽연합, 아시아에 이어 4번째 수입국에 위치하고 있다[2]. 이는 한·중 양국에 있어서 경제 분야에 있어 매우 중요한 파트너임을 암시하고 있다.

이번 과제는 우선 FTA의 정의, 한·중 FTA의 배경, FTA에 대해 양국의 인식 특히 중국의 추진 동기를 바라본 후 차후 전개될 한·중 FTA의 경제적인 효과 및 추진 방향에 대해 간략하게 살펴보도록 하겠다.

---

[1] 이무성 외,『국제정치의 신패러다임』(서울: 높이깊이, 2008), p. 274.
[2] 中華人民共和國國家統計局-2007年國民經濟和社會發展統計公報(2008.12.1 검색)

(4) 서론의 예 2

중국 경극의 과거와 현재

사회과학계열
2008**** 유소진

1. 머리말

청대에 새롭게 등장한 경극은 '북경을 중심으로 발전한 연극'을 말하는데 그 무한한 예술적 매력 때문에 중의, 중국화와 함께 중국의 3대 국수로 평가받고 있다. 경극은 중국 문화의 전통 중에서 매우 중요한 위치에 있으며 세계적으로도 잘 알려진 중국의 대표적인 무대 예술이다. 경극은 일반 문화 속에서 강한 생명력을 지니고 발전하였으며 견문을 넓히는 교육 수단으로 생각되었다. 또한 중국의 경극은 대외적으로 명실상부하게 동양의 '신비'를 간직한 극으로서 훌륭한 이름표를 달게 되었다.

경극의 유래에 대한 견해는 학자마다 다소 이견이 있지만, 그 기원이 서피와 이황곡조에서 왔다는 점은 모두 견해를 같이한다. 경극은 중국의 전통적인 극 형태로 중국인의 문화생활 가운데 가장 폭넓은 영향력을 가진 예술 양식이다. 하지만 형성 초기에는 사실상 별다른 주목을 받지 못하였다가 1920년대에 이르러 매란방이나 정연추와 같은 대 배우들이 등장하면서부터 비로소 해외에 널리 소개되었다.

1928년 국민당 정부가 북경의 명칭을 '북평'으로 바꾸자 경극 역시 '평극'으로 불리게 되었고, 1949년 10월 중화인민공화국이 수립되면서 중국 정부가 북경의 이름을 되찾아 주자 '경극' 역시 본래의 이름을 되찾게 되었다.

경극은 중국 전통 문화 중에서 매우 중요하다고 생각한다. 또한 경극은 중국인의 문화 생활 가운데 가장 폭넓은 영향력을 가진 예술 양식이다. 본고는 중국의 문화일 뿐만 아니라 세계적으로도 널리 알려진 경극을 연구함으로서 중국 전통 문화에 대해서도 심도 있게 알며, 경극의 과거와 현재를 통해 미래에 어떤 식으로 경극이 발전되어가야 하는지 살펴보고자 한다.

(5) 결론의 예

4. 맺음말

경극이란 청대에 새롭게 등장한 연극으로 '북경을 중심으로 발전한 연극'을 말하는데 중국 문화의 전통 중에서 매우 중요한 위치에 있으며 세계적으로도 잘 알려진 중국의 대표적인 무대예술이라 할 수 있다. 경극의 형성과 발전 단계를 크게 형성기, 성숙기, 흥성기, 혼란기, 변환기로 나눌 수 있다.

또한 경극의 다양한 내용과 구성 형식을 통해 경극의 배역 범주, 음악과 무대, 의상과 분장 등 경극에 대해 자세히 알아보았다. 그리고 경극은 서구 열강의 침탈과 청의 몰락으로 한때 주춤했었지만 이후 신해혁명과 5.4운동으로 변화의 불씨를 당겼으나 정치적 소용돌이가 있을 때마다 독자성을 잃고 정치 도구로 전락하였다. 이렇듯 과거 경극과 현대 경극을 알아보면서 앞으로 경극이 어떠한 방향으로 발전되어 나가야 하는지 그 방향을 예측해 볼 수 있었다. 비록 현대에는 과거만큼 흥행하지 못하는 예술 장르로서 사람들의 관심이 약해지고 있지만, 미래에는 더욱 발전할 수 있는 중국만의 무대예술 중 한 장르라 생각한다. 지금보다 많은 발전을 통해 세계적으로 알려져 경극을 통해 중국을 전 세계에 알리는 계기가 되었으면 한다.

(6) 참고 문헌의 예

참고 문헌

이무성 외, 『국제정치의 신패러다임』, 높이깊이, 2008
정지원 외, 『한·중FTA 반덤핑분야 : 제도 및 예상 쟁점』, KIEP대외경제정
    책연구, 2007
이정섭, 『한·중 FTA 협상을 대비한 국내 중소기업의 대응과제』, 중소기업
    연구원, 2007
편집부, 『한·중FTA체결과경기도의거시경제및산업별파급효과분석』, 경
    기개발연구원, 2007
김시중, "한중 경제관계의 평가와 한·중 FTA 전망"『국제 통상연구』, 제12
    권 제3호, 2007
김홍기, "중국에서의 수출과 경제성장 간의 인과관계"『경제발전연구』, 제
    11권 2호, 2005
이인구, "세계경제 동향 및 2008년 전망 총괄"『오늘의 세계경제』, 제07-
    51호, 2007
정재화, "중—ASEAN FTA의 주요내용과 평가"『무역연구』, 2005년 8월
    호, 2005

● 다음은 노동부의 보고 자료이다. 다음 내용을 가지고 질문에 답하시오.

청년 실업의 주요 원인

1. 수요 측면

□ 청년 일자리의 상대적 감소

　○ 우리 경제의 성장 속도가 둔화되고 이에 따라 고용 흡수력도 저하

　　– 또한 경제성장 속도에 따라 일자리가 늘어나는 규모도 하락

　　– 이러한 상황은 노동 시장 신규 진입자인 청년층에 가장 큰 영향

　○ 노동력 활용도의 직접적 지표라 할 수 있는 청년층 고용률(취업자/생산가능인구)도 96년 46.2%에서 03년 44.4%로 감소하여 청년층 일자리가 상대적으로 감소하고 있음을 증명

　○ 주요 기업(30대 대기업 집단·공기업·금융업)의 취업자 수도 97년 1,581천명에서 04년 1,301천명으로 271천명 감소

　　– 즉, 청년층이 선호하는 '괜찮은 일자리decent job' 가 크게 감소

　　※ 주요 기업의 전체 취업자 중 청년층 비율은 97년 40.6%에서 04년 31.0%로 감소

□ 경력직 우선 채용 관행의 확산

　○ 주요 기업들이 채용 시 신규 졸업자보다 즉시 활용 가능한 경력 근로자를 채용하는 경향이 크게 증가

　　※ 경력자 채용 비중(%): 39.6(96년)→61.9(98년)→77.0(00년)→79.0(04년)

　○ 경력직 채용 경향은 모든 학력에서 나타나며, 특히 대졸 이상인 경우 경력 중시형 채용 구조로의 변화가 가장 크게 나타남

□ **청년층 일자리의 질적 저하**

○ 청년층 일자리가 상대적으로 감소하는 가운데 고용의 질도 악화

 – 300인 이상 대기업에서 청년층이 차지하는 비중은 점차 감소

 ○ 청년층 임금 근로자 중 임시 · 일용직 비중도 증가

  ※ 청년층 임금 근로자 중 임시 · 일용직 비중:
   41.7%(96년)→54.4(00년)→49.7(03년)

  ※ 전체 임금 근로자 중 임시 · 일용직 비중:
   43.2%(96년)→52.1(00년)→49.5(03년)

2. 공급 측면

□ **고학력화와 숙련 불일치(학교와 노동 시장간의 괴리)**

 ○ 대학 진학률이 급격히 증가하여 95 ~ 03년간 대졸자수 18만명 증가

  ※ 대학 진학률(%): 27.2(80년) → 33.2(90년) → 68.0(00년) → 79.7(03년)

 – 반면, 학교 교육이 노동 시장의 수요 변화를 따라가지 못해 인력 수급의 양적 · 질적 불일치 발생

 ○ 학교 교육과 노동 시장의 괴리에 따라 학교–노동 시장의 이행이 장기화

  ※ 학교교육 종료 후 첫 일자리 취업 때까지 소요기간은 평균 11개월

  ※ 청년층 취업 경험자 중 67.4%만이 6개월 이내 첫 일자리 취업, 19.1%는 6개월~2년 미만 소요, 13.4%는 2년 이상 장기 미취업 상태 경험

□ **구직자의 눈높이 조정 실패**

 ○ 청년 실업 문제가 심각한 반면, 중소 기업 인력난은 여전히 지속

 – 청년층의 중소 기업 기피 현상은 중소 기업과 대기업간 임금 · 근로조건 격차 등 노동 시장의 이중 구조에서도 기인

 ○ 구직자가 받기를 희망하는 임금과 실제 시장 임금 간에 상당한 격차 존재

 ○ 조사 직전 일자리를 찾았거나 제의받은 청년 실업자에 대한 미취업 사유 조사에서 자발적 실업에 가까운 '임금수준, 후생복지, 근로시간, 작

업환경 등 근로조건이 맞지 않아서'로 답한 비율이 39.9%로 가장 높음
* 자료 : 통계청, 「경제활동인구조사」, 2003

□ 청년층의 가족 의존성
  ○ 우리나라 특유의 가족 의존 전통도 청년층의 미취업을 야기하는 주요
    한 요인의 하나
  ○ 부모와 함께 거주하는 청년층(가구원)의 취업률이 분가하여 독립한 청년
    층(가구주)의 취업률에 비해 낮게 나타남
    ※ 미혼 남자의 취업률을 비교해 보면, 가구주인 경우는 87.2%, 가구원
      인 경우는 68.4%(통계청, 「경제활동인구조사」)

3. 진로 지도 · 직업 안정 기능의 취약
  ○ 청년층 취업 알선을 위한 공공 · 민간 직업 안정기관과 학교의 역할이 취약
    – 청년층 취업 경험자의 주된 취업 경로는 연고에 의한 경우가 50.6%, 그
      중에서도 가족 · 친지의 소개에 의한 취업이 27.6%
    ※ 공공 · 민간 직업 안정기관, 취업 박람회 등을 통한 취업 : 2.0%, 학
      교내 취업 소개기관을 통한 취업 : 1.6%
  ○ 청년층의 주된 구직 경로는 신문 · 인터넷 등을 통한 응모(68.3%) 등으
    로 자구적 방식이 대부분

1 위 자료를 바탕으로 보고서의 개요를 짜 보자.

2 위 내용 중 보고서에 인용할 만한 자료를 정리해 보자.

3 '청년 일자리 감소'와 '중소기업 인력난 지속' 부분에 초점을 맞춰 대책을
세워 보자.

인간과 자연

• 발표하기

- '인간과 자연'을 주제로 수업 발표를 준비할 수 있다.
- 발표의 주제와 성격을 파악할 수 있다.
- 자료를 읽고 발표의 내용을 만들 수 있다.
- 형식에 맞는 발표문을 서술할 수 있다.

구성

- 문명의 발달과 자연 파괴에 대한 자료를 모은다.
- 산업의 발달과 환경에 관한 글을 읽는다.
- 온난화로 인한 기후 변화에 대해 듣고 이해한다.
- 산업화와 환경 보존에 관해 의견을 밝힌다.
- 자연과 공존하는 인간의 삶을 주제로 발표문을 작성한다.

인간과 자연은 어떤 관계인가?

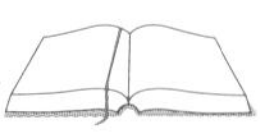

생각해 보기

- 산업화와 인간의 활동으로 인해 일어나는 자연의 변화에 관해 말해 봅시다.
- 사진과 관련된 사건들에 대해 조사해 봅시다.

  환경과 재앙 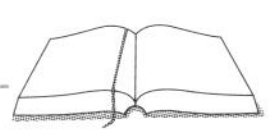

● 다음 세 편의 글을 읽고 질문에 답하시오.

(가) EBS 에서는 오는 31일부터 9월 2일까지 '인류를 향한 은밀한 역습, 햄버거 커넥션' 3부작을 방영한다. 세계 120여개국에서 판매되고 전 세계 인구의 1%가 매일 먹는 햄버거는 가장 미국적이자 세계적인 음식이다. 제작진은 바로 이 햄버거가 열대림과 맞바꿔 만들어졌다는 불편한 진실을 파헤친다.

'햄버거 커넥션(Hamburger Connection)' 이란 햄버거의 재료가 되는 소고기를 얻기 위해 조성되는 목장과 그로 인한 열대림 파괴 현상을 말한다. 유럽과 미국으로 수출되는 소들은 중앙 아메리카 열대림에서 사육되는데 불과 20년 사이 소의 숫자가 두 배로 불어났다. 이에 따라 대규모 열대림이 파괴되어 사회 불안과 정치적 소요가 발생하고 있다.

• 『해럴드 경제』 2009년 8월 30일자

(나) 지구에서 생산되는 전체 곡식 중 3분의 1이 소와 다른 가축들의 사료로 소비되는 반면, 수천 명의 사람들은 기아에 시달리고 있다. 그런가 하면 북반구의 선진국 사람들은 육류 과잉 섭취로 심장 발작, 암, 당뇨병 등으로 목숨을 잃는 사람이 기아에 시달리는 사람보다 더 많다. 지구 환경도 위협받고 있다. 중남미의 수백만 에이커의 열대우림 지역이 이미 소 방목용 목초지로 개간 중이며 사하라 이남과 미국, 호주 남부 목장 지대에서 진행 중인 사막화의 주된 요인은 소 방목 때문이다.

• 제레미 리프킨, 『육식의 종말』 중에서

(다) 지구 온난화가 아프리카 킬리만자로산 정상을 뒤덮고 있는 만년설을 위협하고 있다. 과학자들은 머지않아 킬리만자로에서 만년설이 아예 모습을 감출 것이라고 예측해 충격을 주고 있다.

AP통신에 따르면 미국 오하이오주립대학 기후 변화 연구팀은 지난 3일(미국 시간) 과학 저널 미국 국립과학원회보에 발표한 국립과학아카데미 보고서를 통해 "1912년 최초로 킬리만자로 만년설을 측정한 후, 2007년 현재 만년설 면적의 85%가 녹아내렸다."고 발표했다.

• 이슬 기자, 『뉴스한국』, 2009년 11월 4일자

 단어와 표현

가축, 개간, 과잉 섭취, 기아, 당뇨병 에이커(acre), 만년설, 목초지, 발작, 방목용, 북반구, 사료, 사막화, 심장, 열대우림, 아예

뒤덮다, 시달리다, 위협받다, 위협하다, 측정하다

1 윗글을 통해 알 수 있는 내용을 몇 가지로 요약하여 정리해 보시오.

2 지문의 내용을 참고로 '인간과 자연'에 관련된 주제를 만들어 보시오.

3 지문의 내용을 참고해 발표에 어떻게 이용할 것인지 이야기해 보시오.

기후의 변화

● 다음을 잘 듣고 물음에 답하시오.

1 이 보도와 관련이 없는 것을 고르시오.

① 한반도를 지나는 태풍의 위력은 강하지 않다.
② 한반도의 온난화 문제는 급격한 도시화 때문이다.
③ 한반도의 기후와 생태계는 열대화되어 폐해는 곧 가시화될 것이다.
④ 한반도에서의 온난화 속도가 세계 평균보다 두 배 이상 빠르게 진행되고 있다.

2 앞으로 한반도의 기후가 어떻게 변할 것인지 표를 채워 보시오.

연도	기후와 환경의 변화	
1912년 ~2008	한반도의 연평균 기온	( )도 상승
	지구 평균기온	0.74도 상승
2100년경	제주도, 울릉도, 동해안, 남해안	( ) 소멸
	( ) 농도	2배 증가
	연평균 기온	( )도 상승
	( )	17% 증가

3 한반도의 기후가 어떻게 변할지 생각해 보시오.

4 지구 온난화로 인한 환경 변화와 관련된 사진을 고르고 설명하시오.

① 빙하 붕괴

② 가뭄

③ 기름 유출

④ 홍수

⑤ 쓰나미

 파괴된 환경 누구에게 영향을 미칠까?

● 다음 글을 읽고 질문에 답하시오.

인간은 자연의 일부분이면서도 농경이 시작된 이후 혹은 산업화가 본격적으로 진행되면서 일방적으로 자연을 훼손한 것이 사실이다. 아프리카의 사하라 사막은 농경과 유목이 시작되기 전까지는 관목과 풀들이 무성한 초원이었다. 그러나 유목민들이 양들을 방목하기 시작하면서 초지는 빠르게 사막으로 변했고 현재는 1년에 몇 미터씩 사막이 확대되고 있다. 농경과 목축이 시작되면서 많은 숲과 초지가 사라졌다.

산업 혁명 이후 화석 연료의 사용이 일상화되면서 자연의 파괴는 그 범위와 정도가 더욱 심각해졌다. 화석 연료로 인한 대기의 오염은 영국 대참사를 일으켰고, 공업 원료를 얻기 위한 활동으로 인해 광물자원은 고갈되고 토양과 수질 오염도 심해졌다. 산업 폐기물의 부적절한 처리로 인해 바다와 땅은 오염되어 이타이이타이병이나 미나마타병과 같은 심각한 질병도 생겨났다. 지구온난화가 진행되어 극지방의 빙하는 녹아내리고 있으며, 온대지방은 아열대성 기후로 바뀌고 있다. 이로 인해 생태계의 파괴와 변형은 심각한 지경에 이르고 있다.

현대인들이 자연 파괴에 대한 위험성을 자각하고 난 후에도 현실은 크게 바뀌지 않고 있다. 현재 환경 파괴가 갖는 심각성은 경제와 연관되어 있어 더 복잡하다. 예를 들어, 햄버거와 열대우림의 사막화에 관해 살펴보자. 햄버거를 만들기 위해 소를 키워야 한다. 그래서 브라질의 열대우림은 목초지를 만들기 위해 베어지고, 북미에서 생산되는 많은 양의 곡물은 소의 사료로 소비된다. 또한 소들이 되새김질하면서 뱉아내는 메탄가스와 이산화탄소는 지구 온난화의

> **이타이이타이병**
>
> 미나마타병 등과 함께 일본 4대 공해병의 하나이다. 뼈가 물러지며 조금 움직이는 것만으로도 골절이 일어나서 환자가 '아프다, 아프대(일본어로 이타이 이타이)'라고 하는 데에서 병의 이름이 유래되었다. 재채기를 하거나 의사가 맥을 짚은 것만으로 골절된 사례가 있으며 결국 죽음에 이르게 된다.

> **미나마타병**
>
> 1932년부터 신일본질소비료의 미나마타 공장에서 아세트알데하이드를 생산하기 위해 수은 성분의 촉매를 사용하였다. 여기서 부산물로 나온 메틸수은이 함유된 폐수가 정화 처리를 충분히 거치지 않은 상태로 바다에 버려졌다. 이 메틸수은이 물고기를 통한 생물 농축 과정을 거쳤고, 이들을 섭취한 인근 주민들에게 수은 중독 현상이 나타났다. 중독된 사람들은 손발이 저려 걷는 것도 힘들게 되고, 심각한 경우에는 경련이나 정신 착란을 일으켜 결국은 사망에 이른다. 증상이 나타난 후 3개월 후에는 중증 환자의 절반이 사망하였다.

주범으로 지적되고 있다.

　저개발국가에서 이루어지는 환경의 파괴는 생존과 직결되고 있다. 그들은 목숨을 연명할 양식을 얻기 위해 나무를 베고 광물을 캐낸다. 대규모로 진행되는 환경의 파괴—열대 우림의 파괴, 산업 폐기물 공장의 건립, 광산의 개발 등—은 선진국을 위한 것이다. 목재, 광물은 선진국 산업의 원료가 되며 거기에서 발생하는 폐기물은 저개발국으로 운반되어 처리되기 때문이다.

　환경 파괴로 인해 자연은 자율적인 조정 기능을 잃고 폭주하기 시작했다. 중국의 홍수와 산사태는 대규모로 이루어진 벌목으로 인해 강수량을 조절할 수 없었기 때문이다. 서부 유럽의 산성비는 누적된 대기오염의 결과이며, 아프리카의 오랜 가뭄은 지구 온난화로 인한 엘리뇨 현상이 그 주된 원인이다. 쓰나미와 같은 해일, 집중 호우, 지반의 붕괴, 지진 등은 환경의 파괴로 인한 그 조절 기능의 상실이 직접·간접적인 원인이다.

　그러나 인간들은 경제의 한 축에 고정되어 개발을 멈출 수가 없다. 특히 최근 자원의 파괴가 가속화되고 있는 저개발국가들은 대부분 선진국의 식민지 시절을 거치면서 그 발전 가능성을 저지당했고 선진국들의 개발로 인한 환경 파괴의 피해를 고스란히 입고 있으며, 스스로 그 파괴에 가속도를 붙이고 있다. 왜냐하면 경제의 발전 혹은 산업개발이 그들에게는 국가를 유지시키고 국민을 먹여 살리기 위한 가장 중요한 일이기 때문이다.

단어와 표현

가속도, 건립, 관목, 광물, 공업 원료, 극지방, 녹지방, 농업, 메탄가스, 벌목, 산업 빙하, 아열대성 기후, 온대지방, 유목, 저개발국, 주범, 초지, 폐기물, 화석 연료

가각하다, 고갈되다, 고스란히, 되새김질하다, 무성하다, 연명하다, 저지당하다, 직결되다, 훼손하다

1 위의 자료를 발표에 이용하기 위해 생각이 다른 팀원들과 이야기해 봅시다.

2 다음 그림을 보고, 유리, 태현, 상규는 자신의 생각을 주장하기 위해 윗글의 어떤 내용을 이용했을지 생각해 보시오.

3 '인간과 자연' 이라는 발표를 준비하는 과정에서 이 지문의 어떤 부분을 이용할 수 있을지 생각해 보시오.

4 극단적으로 나뉜 다음의 두 주장을 보고, 개발과 보존 중에서 어떤 쪽을 선택할지 생각해 보시오.

인간의 삶을 위해 어쩔 수 없이 개발해야 한다!

무슨 소리? 환경을 보존하기 위해 개발을 참아야 한다!

인간과 자연은 하나이되 둘이며...

● 다음을 잘 듣고 물음에 답하시오.

1 인간과 자연의 공존을 불가능하게 하는 예로 제시된 것은 무엇인가?

① 사막화　　　　　　　② 기후 온난화
③ 빙산의 붕괴　　　　　④ 수질과 토양의 오염

2 우리 고유의 에코 철학과 관계가 없는 것은 무엇인가?

① 순환 구조　　　　　　② 화쟁 사상
③ 불일불이 철학　　　　④ 저탄소 녹색성장 계획

137

3 가장 비슷한 철학을 지닌 글을 찾으시오.

① 중남미의 수백만 에이커의 열대우림 지역이 이미 소 방목용 목초지로 개간 중
　이며, 사하라 이남과 미국, 호주 남부 목장 지대에서 진행 중인 사막화의 주된
　요인은 소 방목 때문이다
② 환경 파괴로 인해 자연은 자율적인 조정 기능을 잃고 폭주하기 시작했다. 중국
　의 홍수와 산사태는 대규모로 이루어진 벌목으로 인해 강수량을 조절할 수 없
　었기 때문이다.
③ 기온 상승 원인의 30% 정도가 급격한 도시화 때문이라고 기상청은 설명했다.
　기온이 상승함에 따라 한반도의 기후는 아열대화하고 있다.
④ 그것은 실상 수천년 동안 존재해 왔던 가치 그리고 우리와 지구 사이의 뗄 수
　없는 연관성을 알아보게 하는 가치를 재발견하는 일이다.

🔑 발표하기

1 대학 수업과 발표

대학 수업은 일방적으로 강의를 듣는 것으로 이루어지지 않는다. 강의의 내용을 이해하기 위한 과제가 제시되기도 하고, 학생들의 발표를 통해 강의가 진행되기도 한다. 대학 수업의 경우 발표는 팀별 발표나 개인 발표로 진행된다. 대개의 경우 큰 주제는 교수가 제시하지만 발표의 세부적인 주제는 발표의 담당자가 결정하게 된다.

2 발표의 준비와 단계

주제의 확정 (팀 활동 결정)	• 발표 과제로 제시된 주제의 성격을 파악하여 확장할 것인지 구체화할 것인지를 결정한다. • 주제의 범위를 정한 후에는 주제의 방향을 확정한다. • 팀별 발표인 경우에는 주제 확정을 위한 토의를 거치며, 각자의 역할을 분담한다.
자료의 수집과 정리	• 문헌 자료와 매체 자료를 선별하여 수집하고, 주제와 짜임새에 맞게 정리한다. • 불필요한 자료는 삭제하고 부족한 자료는 보충한다.
발표문 또는 파워포인트 작성	• 수집된 자료에서 필요한 부분을 추려 주제에 맞게 내용을 구성한다. • 주제의 일관성과 내용의 통일성을 살려서 발표문을 작성한다. • 발표를 위해 파워포인트 등의 보조 자료를 만든다. • 맞춤법과 띄어쓰기에 유의한다.
발표	• 배포된 발표문과 보조 자료 등을 효율적으로 이용한다. • 적절한 동작과 어조의 변화를 주어 효과적으로 발표한다. • 발표 시에는 필요한 예의를 갖추며 발표 시간을 엄수한다. • 내용의 요약과 정리를 통해 강조하며 마무리를 짓는다.

 연습 문제

1 다음은 '인간과 자연'이라는 발표 주제를 두고 몇 가지 방법으로 주제를 확정하는 과정을 표로 나타낸 것이다. 이것을 참조하여 자신의 네 번째 주제를 확정해 보시오.

발표 주제 : 인간과 자연	
주제1	인간과 자연은 오랜 옛날부터 관련이 많았다. • 인간은 자연 없이 살 수 없다. • 인간은 자연의 혜택 속에서 살아간다. • 그래서 인간은 자연을 보존해야 한다.
주제2	인간과 자연은 오랜 옛날부터 관련이 깊다. • 그러나 최근에는 산업발달 등으로 인해 자연의 파괴가 늘고 있다. • 특히 화석 연료 등의 사용으로 대기의 오염이 심해졌다. • 대기오염을 막기 위한 방안을 모색해야 한다.
주제3	인간과 자연은 서로 공존하여 살아왔다. • 산업화 이후 자연의 파괴가 늘고 있으며 이로 인한 환경오염도 심해지고 있다. • 환경의 파괴는 결국 인간에게 피해를 준다. • 인간과 자연의 평화로운 공존을 모색해야 한다.
주제4	

2 앞에서 정한 네 가지 주제에 적합한 자료들을 아래 제시된 자료 중에서 골라 보시오.

> ㉠ 목축업을 위해 열대지방의 나무를 베어내어 아마존의 사막화가 진행되고 있다.
>
> ㉡ 북인도의 라다크 사람들은 일 년에 6개월 이상 겨울이 지속되는 척박한 환경 속에서 자연과 공존하며 살아간다.
>
> ㉢ 빗물을 받아 생활용수로 사용하거나 배설물에서 얻어진 가스로 조리하는 친환경적인 생활이 호응을 얻고 있다.
>
> ㉣ 일본에는 산업 폐기물로 인해 이타이이타이병과 미나마타병이 발병해 고통받는 사람들이 아직도 있다.
>
> ㉤ 지구 온난화로 인해 북극과 남극의 빙하가 붕괴되는 현상이 심화되고 있다.
>
> ㉥ 지구 온난화로 인해 한반도의 기후는 아열대 기후로 변화하고 있다.
>
> ㉦ 티티카카 호수에는 갈대로 만든 인공섬에서 살아가는 인디오들이 있다.
>
> ㉧ 화석 연료로 인한 대기오염이 심해져 천식 등 호흡기 질환을 호소하는 사람들이 늘고 있다.

주제1	
주제2	
주제3	
주제4	

🔑 발표할 때 주로 사용되는 표현

● 다음은 발표할 때 주로 사용되는 표현들을 정리한 것이다.

1 발표자 밝히기

- 안녕하십니까? 오늘 발표를 맡은 ______과 ______년 ______입니다.
- 안녕하십니까? 오늘 발표를 맡은 ______조 대표______입니다.

2 주제, 내용, 순서 밝히기

- 오늘 제가 발표할 내용은 ______에 대한 것입니다.
- 저희 조는 ______에 대해 발표하려고 합니다.
- 오늘 저희가 발표할 것은 ______에 대한 것으로 __, __, __ 순으로 발표하겠습니다.

3 질문 받기

- 저희 조 발표에 질문이 있으시면 해 주시기 바랍니다.
- 발표 내용에 대해 질문하실 분 계십니까?

4 대답하기

- ______에 대해서는______을/를(의 견해를) 참고했습니다.
- ______은/는 ______이라고 밝혀졌습니다.
- ______에 대해서는 타당한 지적이십니다. 그 질문에 대해 ______라고 생각합니다.

5 답변하기 어려울 때

- 좋은 의견에 감사합니다. 참고/수정하도록 하겠습니다.
- 죄송합니다. 그것에 대해서는 아직 정확하게 답변하기 어렵습니다.
- 그 질문에 대해서는 아직 준비하지 못했습니다. 다음 시간에 준비해 알려드리겠습니다.

6 마지막 인사

- 지금까지 발표를 들어주셔서 감사합니다.
- 이상으로 발표를 마치겠습니다.

※ 발표 태도

- 처음 인사, 끝 인사 하기
- 머리, 얼굴, 손을 지나치게 많이 움직이지 않기
- 시선은 청중을 골고루 바라보기
- 크고 분명하게, 그리고 천천히 또박또박 말하기

미래 사회

• 프리젠테이션

- 파워포인트를 이용한 프리젠테이션을 할 수 있다.

- 발표문을 프리젠테이션 형식으로 바꿀 수 있다.

- 원고와 화면의 형식적 차이에 대해 학습한다.

- '미래 사회'를 주제로 프리젠테이션을 준비할 수 있다.

구성

- 다양한 분야의 미래적 전망에 대해 알아본다.

- 미래에 대해 사회적으로 접근한 글을 읽는다.

- 변화된 사회에 대한 대응법을 제시한 설명문을 듣는다.

- 파워포인트 제작 방법을 알아본다.

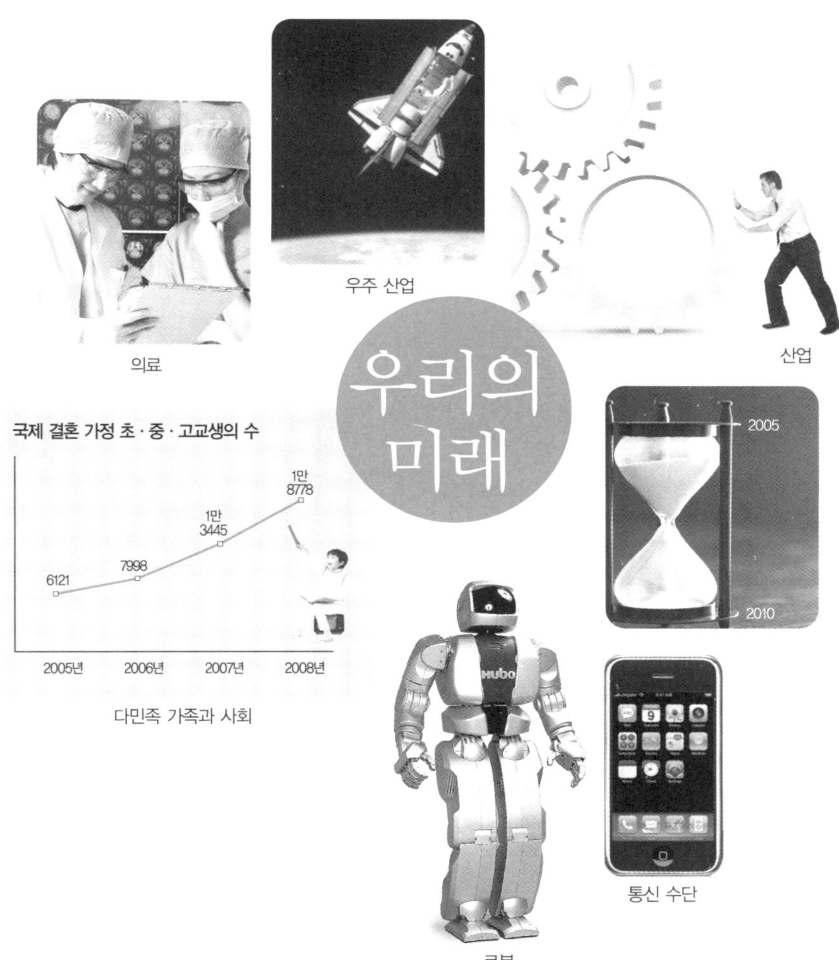

의료

우주 산업

산업

통신 수단

로봇

다민족 가족과 사회

생각해 보기

● 여러 분야에 대해 자신이 생각하는 미래의 모습에 대해 이야기해 보시오.

● 미래 사회에 준비할 것은 무엇인지 이야기해 보시오.

● 다음 글을 읽고 질문에 답하시오.

21세기가 시작되기 전 인류는 새로운 세기에 대해 무수히 많은 전망들을 내놓았었다. 그러한 전망 중의 일부는 이미 실현되었고 일부는 현실화되는 중이다. 20세기에 전망했던 21세기의 모습은 기계 문명의 획기적인 발전과 첨단 기술의 비약적인 발전으로 인해 기술에 의해 지배되는 공상과학영화의 장면들과도 같았다.

그 전망 중 일부는 현실로 드러나고 있다. 기술 발전에 의해 유비쿼터스는 실생활에 자리를 잡고 있으며, 로봇과 카메라가 지키는 무인 점포가 늘어나고 있다. 인공 배양을 통한 장기 이식의 가능성도 높아지고 있으며, 수술에 첨단 로봇의 힘을 이용하는 등 얼핏 오래 전 공상과학영화에서 볼 수 있었던 장면들이 현실로 이루어지고 있다. 그러나 미래 사회가 보여주는 진정한 변화는 이러한 물질적인 측면의 변화로는 모두 설명할 수 없다. 실제 미래 사회의 전망에 있어서 가장 큰 변화를 보이는 것은 사회구조의 변화와 그것을 가능하게 하는 의식의 변화이기 때문이다.

최근 두드러지는 가족의 재구성이나 이민자의 급작스러운 유입은, 앞으로 미래 사회에서는 가족이 혈연관계로만 구성되는 것이 아님을 보여 준다. 또한 외국인 노동자들과 국제결혼 부부의 증가를 통해 앞으로는 우리 사회의 구성원이 보다 다양해질 것이라는 점을 알 수 있다. 미래 사회에는 타고난 사회적 관계보다는 스스로 만들어가는 사회적 관계가 더 개인에게 의미가 있으며 그러한 관계에 의해 사회가 구성되고 유지될 것이라고 전망된다. 특히 국가나 집단을 우선하던 의식에서 벗어나 개인이 가장 중요해지기 때문에 대의보다는 직접적인 이익이 행동의 동력이 될 것으로 예상된다. 기업 역시 마찬가지로 이익이 있다면 모기업이나 국가보다는 경쟁력이 높은 지역으로 자유롭게 이전되며, 노동자들 역시 일과 금전적 대가를 위해 국제 유목민으로 변모할 것이다. 따라서 이제까지 의미가 있었던 사회적 제 관계보다는 개인의 능력이나 성향이 더 중요한 시대가 도래할 것이라는 점은 명백하다.

대의, 동력, 무인 점포, 비약적인, 얼핏, 이민자, 인공 배양, 유입,
장기이식, 첨단 기술, 혈연관계, 획기적인

급작스럽다, 도래하다, 명백하다, 변모하다, 우선하다, 이전되다, 전망되다,
타고나다

1 이 글에서 미래 사회의 가장 중요한 요소로 들고 있는 것은 무엇인가?

2 21세기 이전에 상상했던 21세기의 모습 중에서 실현되지 않은 것과 실현된
것은 무엇입니까?

147

3 개인에 의해 주도되는 미래 사회에서 일어날 일들에 대해 예상해 봅시다.

유비쿼터스와 미래 사회

track 16

● 다음을 잘 듣고 물음에 답하시오.

1 유비쿼터스의 생활화와 관련이 적은 것을 고르시오.

① 인터넷으로 졸업증명서를 출력한다.
② 메일로 서류를 신청하고 메일로 받는다.
③ 전화로 비행기표를 사서 공항에서 받는다.
④ 디지털 사진을 백화점 의류 매장에 보내 어울리는 옷을 확인한 후 택배로 받는다.

2 유비쿼터스가 정착되기 위해서 가장 중요한 것은 무엇인가?

① 리더십   ② 세대차이 극복
③ 습관적인 사용   ④ 유비쿼터스의 패러다임화

3 들은 내용에서 유비쿼터스의 생활화를 위해 강조하고 있는 것을 모두 찾고
그 타당성에 관해 이야기해 보시오.

— Tip

유비쿼터스(ubiquitous)란?

사용자가 네트워크나 컴퓨터를 의식하지 않고 장소에 상관없이 자유롭게 네트워크에 접속할 수 있는 정보통신 환경이다.
유비쿼터스는 물이나 공기처럼 시공을 초월해 '언제 어디에나 존재한다'는 뜻의 라틴어로, 사용자가 컴퓨터나 네트워크를 의식하지 않고 장소에 상관없이 자유롭게 네트워크에 접속할 수 있는 환경을 말한다. 컴퓨터 관련 기술이 생활 구석구석에 스며들어 있음을 뜻하는 것이다.

읽고 말하기 2　미래 사회

● 다음 글을 읽고 질문에 답하시오.

사람이 사라진다…‘무인無人 경제’ 뜬다

　산업 현장에 사람이 사라지고 있다. 정부가 기업에 신규 고용을 독려하고 지자체들은 새로운 일자리 창출에 박차를 가하고 있지만, 무인 경제는 갈수록 범위를 확대하고 있다. 특히 무인화 범위가 제조업에서 서비스업으로 확산되고 있다는 점을 주목해 봐야 한다. 사람의 모습을 보기가 어렵거나, 기존에는 10여 명이 해야 했던 일들이 고작 1~2명만으로 가능해질 만큼 자동화 시스템의 발달이 이뤄지고 있다.

　최근 수년간 침체를 겪지 못하고 있는 자동판매기 업계에서 지난 2007~2008년 멀티자판기 시장이 활성화될 것이라는 기대를 낳고 있다. 일반 자판기에 비해 판매 제품 수가 훨씬 많은 멀티자판기는 그동안 잔고장이 많아 유지 보수에 많은 비용이 들었지만 최근 관련 기술이 발달하면서 빌딩 내 소규모 매장 대체용으로 활용되고 있다. 자판기 천국이라 불리는 일본의 경우 아예 멀티자판기를 여러대 한 곳에 모아둔 ‘무인 점포’라는 사업도 성행하고 있다. 이 밖에 셀프세탁기, 무인 DVD 대여기 등도 히트를 치고 있는 자판기 아이템이다.

　지난 18일(현지 시간) 캐나다 밴쿠버 국제공항 역사에서 개통식을 가진 무인 경전철은 현대로템이 납품했다. 밴쿠버 경전철은 승무원 없이 중앙 통제 시스템에 따라 자동으로 운행되며 기본 2량 1편성으로 200여 명을 탑승한 채 최고 시속 90km로 주행할 수 있다. 무인 경전철은 오는 2011년 4월 부산 김해를 시작으로 서울 우이동 신설동, 인천 2호선 등이 차례로 개통돼 한국에서도 곧 선을 뵐 수 있을 것으로 보인다.

　무인화는 군수산업에서는 매우 빠르게 진척되고 있다. 미군이 배치하고 있는 ‘F-22 랩터’는 최후의 유인 전투기가 될 것이라는 전망이 나올 정도다. 천문학적인 돈을 들여야 하는 전투 조종사 교육과 전투기 개발에 비용을 줄이기 위해서는 보다 저렴한 무인 항공기가 적격이라는 것이다.

인건비가 저렴한 국가로 공장을 이전했던 선진국 기업들이 한때 본국으로 되돌아가는 상황이 벌어진 적이 있다. 각국 지자체들은 쌍수를 들고 반겼지만 기대 이상의 일자리 창출은 이뤄지지 않았다. 갖가지 자동화 시스템이 적용된 현대식 공장에서는 사람이 그다지 필요하지 않았기 때문이다.

• 채명석 기자, 『아시아경제』 2009년 8월 24일자

 단어와 표현

경전철, 무인, 제조업, 박자, 역사, 인경제, 자동화, 잔고장, 적격, 지자체, 창출, 현장 고용

독려하다, 벌어지다, 배치하다, 쌍수를 들다, 성행하다, 진척되다, 주목하다, 확산되다, 활성화되다, 히트를 치다

1 무인 점포의 등장과 확산이 의미하는 미래 사회의 경제적 측면에 대해 토의해 보고 파워포인트를 만들어 봅시다.

2 이 글에서처럼 '무인 점포'의 등장은 우리 사회에 어떤 영향을 미칠 것인지를 생각해 보자.

3 '무인 경제 확산'에 찬성하면 찬성하는 이유를, 반대하면 반대하는 이유를 밝히시오.

　비즈니스 노마드

● 다음을 잘 듣고 물음에 답하시오.

1 '비즈니스 노마드' 의 특징은 무엇인가?

2 '비즈니스 노마드' 가 생기면서 각광받는 사업에는 어떤 것이 있겠는가?

3 '비즈니스 노마드' 의 수가 늘어나면 늘어날수록 사회의 모습은 어떻게 변화할 수 있을까? 토의해 보시오.

4 '비즈니스 유목민' 에 대해 자세히 조사하고 미래사회에 어떤 문제가 발생할 것인지 토의해 보시오.

Tip

국제 유목민(international nomad, 國制遊牧民)이란?

지구촌 사람들은 대이동을 한다. 도시에서 농촌으로, 외국에서 고국으로 또는 그 반대로 움직이는 행렬이 끊이지 않고 있다. 작게는 수만 명에서 많게는 수천만 명이 거대한 흐름에 합류하고 있다. 경제 위기가 만들어낸 새로운 모습이다. 일자리를 잃은 사람들이 객지 생활을 정리하고 귀향하거나 일자리를 찾아 해외로 떠나는 것이다. 생계를 위해 지구촌 곳곳을 떠도는 21세기 '노마드(nomad · 유목민)' 가운데 일부는 밀입국까지 감행하면서 국제사회의 새 불안 요인이 되고 있다.

국제 유목민과 미래 사회

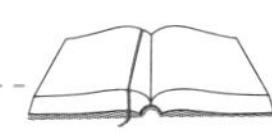

● '무인 점포'가 늘어나면서 생기는 문제점이나 '국제 유목민'이 생기면서 변화될 미래 사회에 대한 발표를 해 보시오.

 프리젠테이션

1 프리젠테이션 준비하기

수업 중 발표를 위해 보조 자료로 파워포인트를 준비하기도 한다. 이것은 자신이 발표할 내용을 시청각 자료들을 이용해 보다 분명히 전달하기 위한 것이다. 이 과정은 발표문을 작성하는 시기에 이루어진다. 그러나 발표문이 문장을 중심으로 하여 구성되는 것과 달리 프리젠테이션에 이용하는 파워포인트는 주요 내용을 압축적으로 제시하기 때문에 문장보다 짧게 표현한다.

2 파워포인트 만들기

| ① 슬라이드 선택 | → | ② 화면 모양과 내용 배치하기 | → | ③ 효과 주기 |

● 다음 글을 읽고 파워포인트를 만들어 보시오.

앨빈 토플러의 『부의 미래』
- 슈퍼 개인의 시대가 오고 있다.

해가 바뀌어도 앨빈 토플러의 『부의 미래』의 인기는 식을 줄 모른다. 최근 삼성 경제연구소의 이원재 수석 연구원은 「앨빈 토플러의 미래 사회의 3요소」라는 제목의 보고서를 통해 "미래는 개인에게 달렸다."는 그의 메시지를 요약해 주목을 받고 있다. 내용은 다음과 같다.

앨빈 토플러가 말하는 미래란 과연 어떤 모습일까? 그는 『부의 미래』에서 이렇게 말한다.

"기업이나 정부가 주역이던 시대는 20세기로 끝났다. 21세기 경제의 중심은 개인이다."

이에 따라 그의 미래의 가장 중요한 생산 수단이 바로 '개인의 지식' 이라고 강조한다. 이를 바탕으로 토플러가 말하는 미래 사회의 3요소를 살펴보자.

첫째, 시간 개념의 변화다.

미래 사회는 곧 지식 시대가 될 것이다. 지식 시대에는 '시간' 의 개념이 가장 크게 변화할 것이다. 개인이 스케줄을 정하는 일이 보편화됨으로써 시간의 유연화 현상을 목격하게 될 것이다. 실제로 지금 미국의 프리랜서와 독립계약자는 2,500만 명에 달한다고 한다. 물론 그 수는 앞으로 더욱 증가할 것이다. 토플러는 '선택의 시간' 이라는 용어를 사용한다. 지식 노동의 특성상 사람마다 일하는 시간대와 쉬는 시간대가 다르다는 것이다. 그는 IBM의 다양한 형태의 근무 방식을 예로 든다. 현재 IBM은 재택 근무, 압축 근무, 그리고 노동자가 근무 시간을 직접 선택하는 방식의 근무 방식을 실시하고 있다. 통계에 따르면 '9 to 5', 즉 일반적인 출퇴근 방식의 근무를 하지 않는 직원의 비중이 2001년 33%에서 2005년 42%로 증가했다고 한다.

둘째 공간의 다양화이다.

지금 우리는 무선 인터넷 등의 발달로 인해 개인 활동 범위의 폭이 거의 무한대에 가깝다. 모두가 국경을 넘나들며 생활하고 지역을 옮겨가며 노동할 수 있게 되었다. 토플러는 그의 책에서 이렇게 말한다.

"과거에는 친구 사무실에 찾아가면 늘 만날 수 있었지만 이젠 그 사람이 어디 있는지 그때그때 확인해야 한다."

셋째, 지식의 확산擴散과 융합融合이다.

토플러는 패러다임의 변화를 얘기한다. 조직력에서 창의성으로, 물질적 자산에서 지식 자산으로, 그리고 제조에서 서비스로 재편된다는 것이다. 인터넷을 통한 지식의 집적·융합·확산도 더욱 가속화될 것이다. "한 개인의 창의성이 전 세계를 뒤흔들 유망 사업이 될 수 있다."는 것이다. '리눅스'의 탄생은 이를 잘 보여주는 적절한 사례가 아닐 수 없다. 핀란드의 리누스 토발즈는 자신이 직접 개발한 소프트웨어의 소스를 공개했다. 이러한 그의 결정에 적극적으로 동조한 전 세계 프로그래머들의 참여가 이어지면서 오늘날 리눅스는 막강한 마이크로소프트(MS)를 견제하는 힘을 갖게 되었다.

토플러는 마지막으로 대중의 인기와 신뢰를 한몸에 받는 '슈퍼 개인'의 등장을 예견했다. 그는 광우병 파동시 미국을 강타한 '오프라 쇼크'를 유심히 살펴볼 것을 요구한다. 광우병으로 미국 전역이 충격에 빠졌을 때, 오프라 윈프리는 자신의 토크쇼에서 "햄버거를 먹지 않겠다."라고 선언했다. 그런데 놀라운 일이 발생했다. 방송 후 쇠고기 값이 2주 연속 폭락하게 된 것이다. 이에 텍사스 목장주 협회는 윈프리를 상대로 1,200만불의 손해 배상 소송을 제기하기에 이르렀다. 오프라 윈프리라는 한 방송인의 말 한마디가 발휘하는 영향력을 보여주는 대표적인 사례인 셈이다.

앨빈 토플러의 『부의 미래』는 결국 우리에게 "개인 시대를 준비하라."는 메시지를 전한다. 그야말로 "1명의 천재가 수만 명을 먹여 살리고 세계 경제의 패러다임마저 바꾸는 시대가 도래했다"는 것이다. 그리고 이는 다양한 문화적·학문적 배경을 가진 개인를 확보하고 개인의 창의성과 실험 정신을 응원하는 조직 문화가 뿌리를 내리지 않는다면, 규모와 업종에 관계없이 한 기업(조직)이 오래 가지 못할 것임을 암시하고 있다. 세계적인 경영 컨설턴트 톰 피터스는 이런 말을 남긴 적이 있다.

"말단 직원이 가장 힘 있는 사람이고, 가장 작은 프로젝트에 기업의 DNA가 포함되어 있다."

지금 우리의 조직 문화를 되돌아보게 만드는 의미 있는 말이 아닐 수 없다.

1 앨빈 토플러가 지적한 미래 사회의 3요소에 관해 정리해 봅시다.

2 미래 사회 3요소로 지적된 것 외의 중요한 변화로 앨빈 토플러가 지적한 것은 '슈퍼 개인'의 도래이다. 슈퍼 개인의 의미와 그것이 갖는 사회적 의미를 서술하고 한국 사회에서 '슈퍼 개인' 현상을 찾아보시오.

3 파워포인트를 만들기 윗글을 화면 진행에 알맞게 정리해 봅시다.

🔑 파워포인트 만들기

1 슬라이드 선택하기

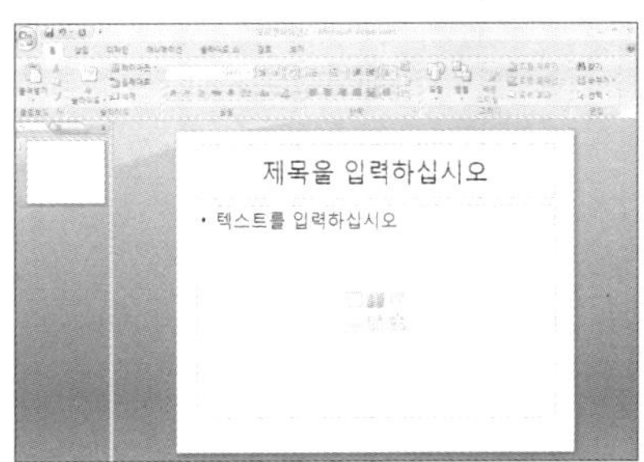

레이아웃 선택하기

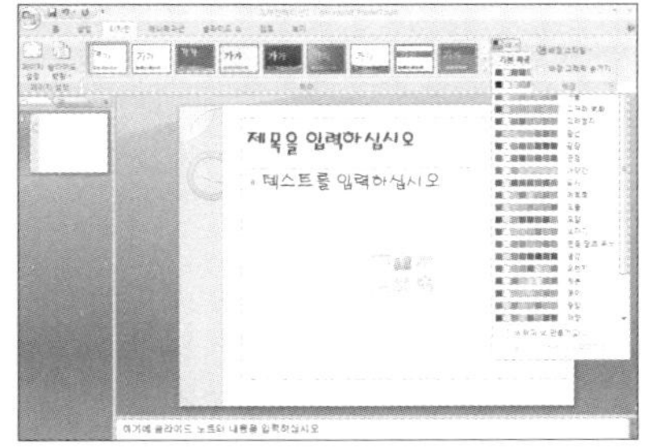

디자인과 색 선택하기

- 제목과 내용을 고려하여 슬라이드를 선택한다.
- 화면의 색은 글씨가 잘 드러나야 한다.
- 무늬가 많거나 여러 가지 색의 화면은 좋지 않다.

2 표지 만들기

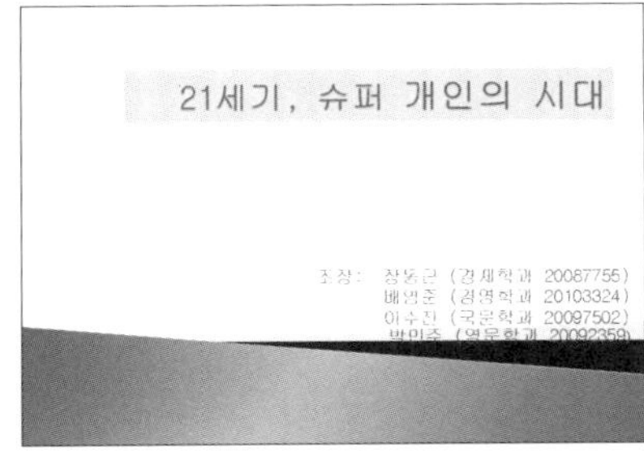

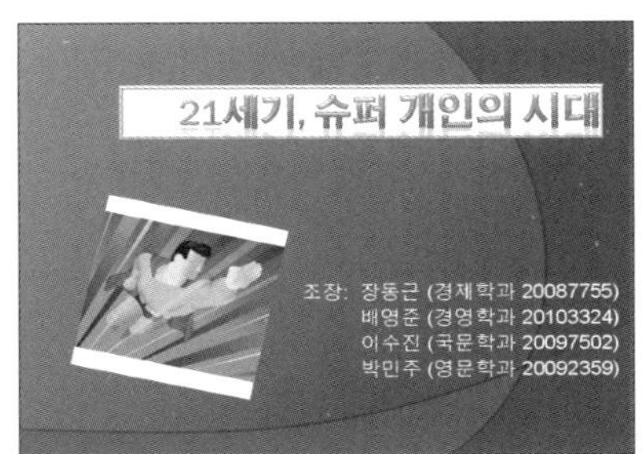

- 바탕의 색과 글씨는 눈에 잘 보이도록 한다.
- 제목과 발표자의 이름이 잘 드러나게 한다.
- 글자 크기가 균형을 이루어야 한다.

3 목차 만들기

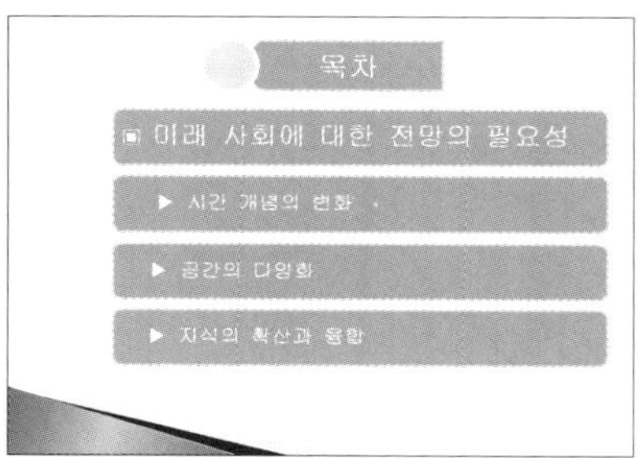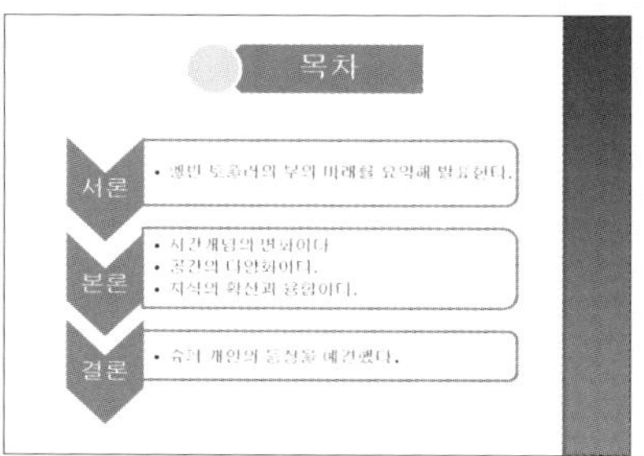

적절한 목차 형식 선택하기

- 목차는 본문의 내용을 정리하여 각 부분의 제목으로 붙인다.
- 긴 문장을 그대로 옮기는 것은 좋지 않다.

4 본문 작성하기

- 본문을 작성할 때는 제목과 내용이 조화를 이루어야 한다.
- 제목과 내용의 글자 크기에 변화를 주어야 한다.
- 지나치게 많은 내용을 담지 않는다.
- 너무 간략하게 정리하지 않는다.
- 한눈에 정보가 들어올 수 있도록 구성한다.
- 사진이나 소리 등을 통해 내용이 잘 전달될 수 있도록 한다.

연습문제 2

1 다음은 본문으로 구성해 본 프리젠테이션의 한 페이지이다. 이 중에서 본문의 성격에 가장 적절한 것을 찾으시오. 다른 것들은 어떤 문제점이 있는가?

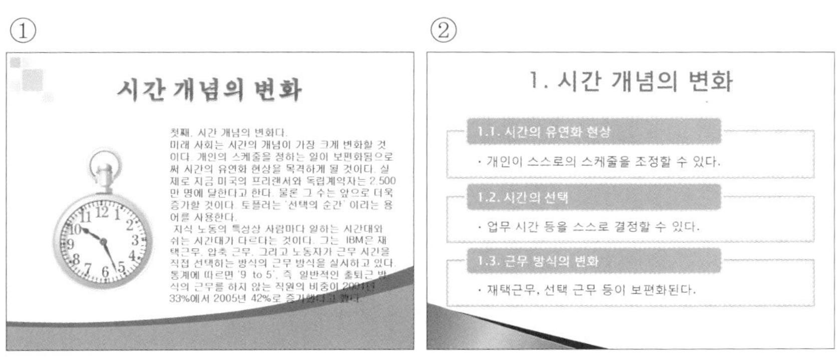

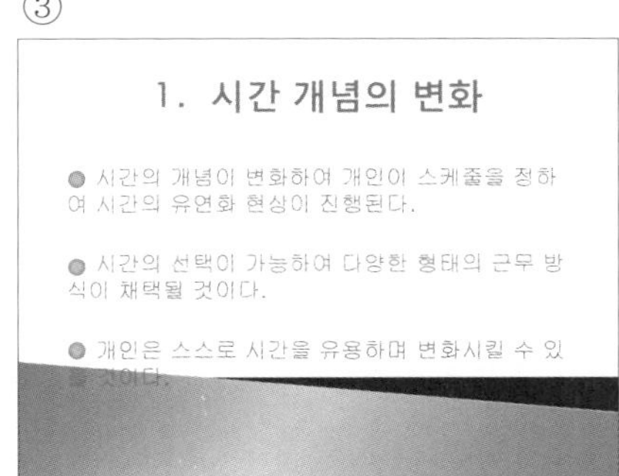

2 '미래 사회'를 주제로 발표하기 위해 파워포인트를 만들어 봅시다.

PPT의 실례

● 다음 프리젠테이션 자료들의 표지와 내용의 실례들을 보면서 잘된 점과 문제점에 대해 이야기해 보자.

1 표지

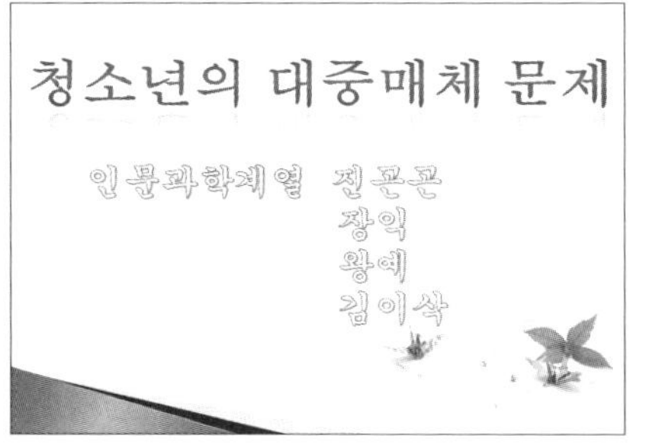

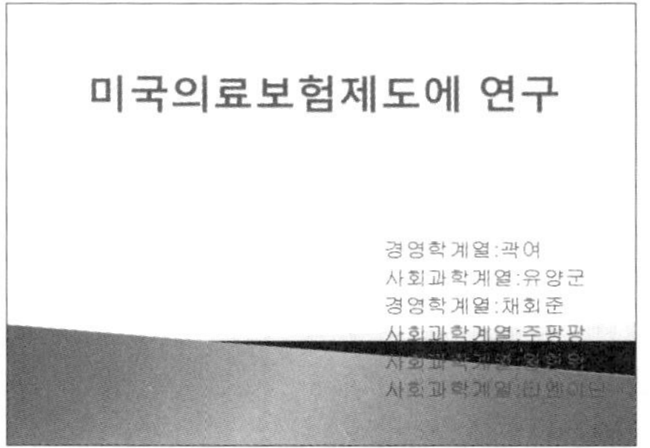

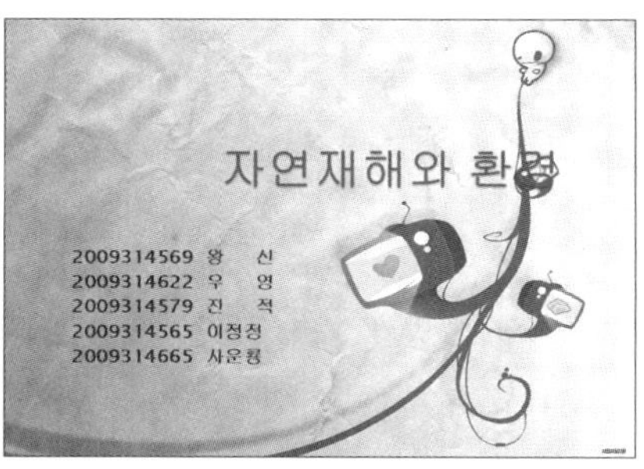

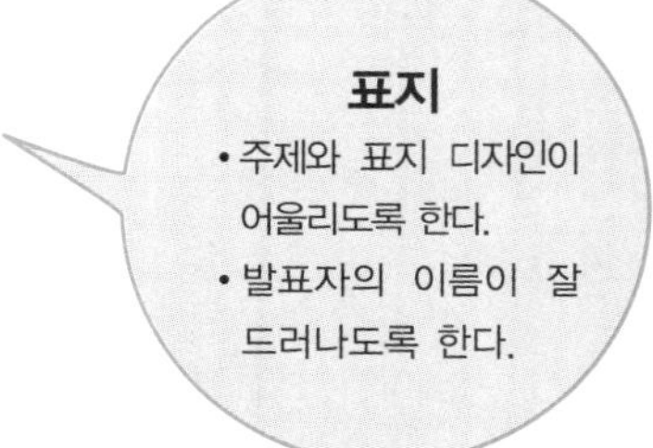

2 내용

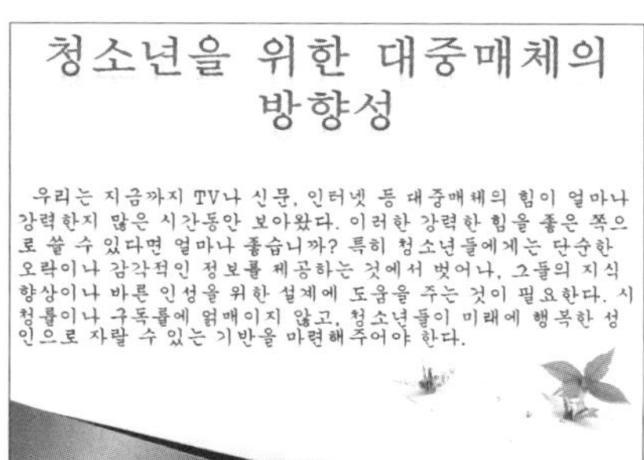

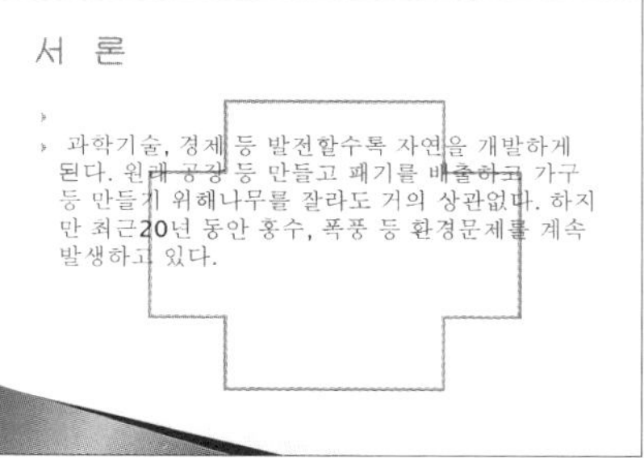

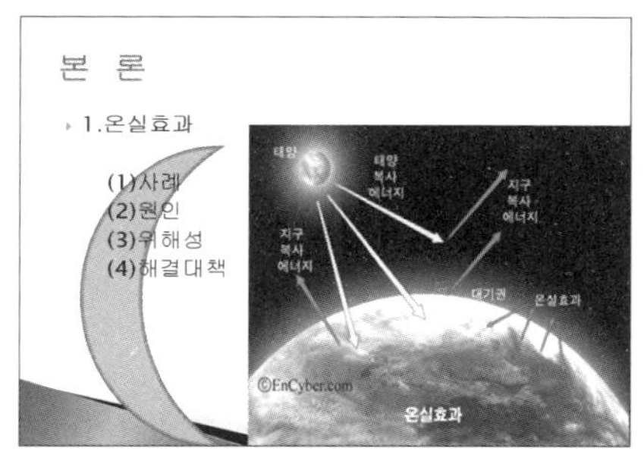

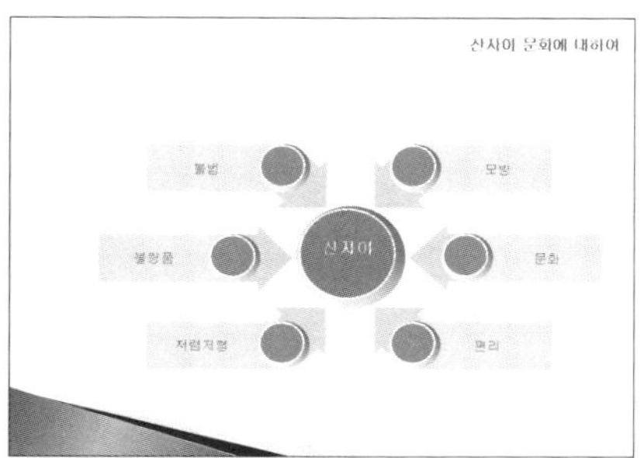

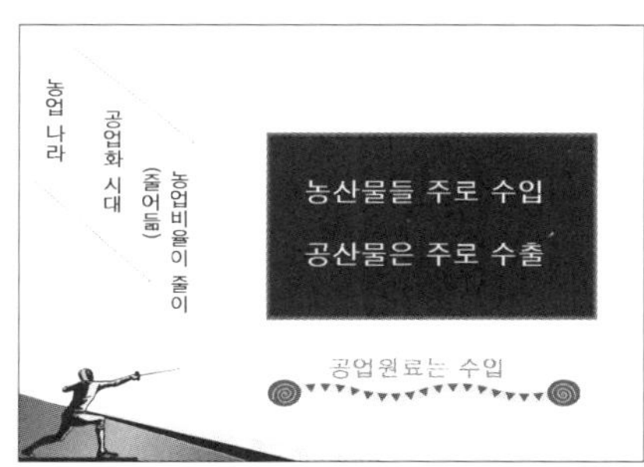

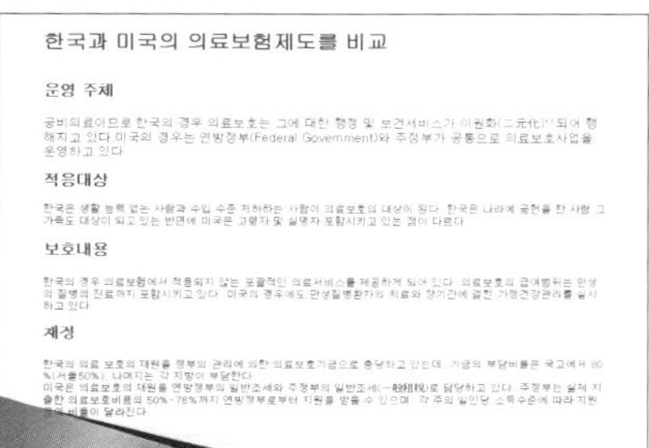

161

표지

- 문장형이 아닌 단어형으로 만든다.
- 디자인이 너무 화려해서 내용이 잘 드러나지 않으면 안 된다.
- 평면적인 구조보다는 입체적인 구조로 제시해 시각적인 효과를 보인다.
- 너무 현란한 색깔, 글자 크기의 다양함은 좋지 않다.

듣기 지문

제1강 대학의 역할과 기능

● **〈듣고 말하기 1〉**

현대 사회에서 대학에 요구되는 것은 교육, 연구, 사회봉사의 3대 기능이다. 이 세 가지 기능 가운데 과연 어느 것을 우선순위에 두어야 하느냐는 쉽지 않지만 이 문제에 관해 버클리 대학의 설포드 교수는 교육을 통한 개인의 발견에 우선순위를 두어야 한다고 하였다. 개인의 발견이란 사회 속의 각 개인이 한 인격체로서 인간이 되기 위해서는 속해 있는 문화권 속에서 성장되어야 하며, 그가 속해 있는 문화 수준이 높으면 높을수록 그 속의 개인은 더욱더 완전한 인격체로서의 가능성을 지니게 된다는 것이다.

〈중 략〉

그러나 이러한 도덕적 요구에도 불구하고 많은 대학들은—특히 개발도상국의 대학들은—국가 경제 성장이라는 목표에 밀착되어 있기에 기술자 기능인 양성에 주력하여 결과적으로 인간 형성에 도움이 되는 전통적 인문 과목을 경시하는 경향을 보인다. 그러나 아무리 산업화되어지고 전문화가 심화된 현대 사회라 할지라도 대학이 수행해야 될 역할이란 기술자나 전문가의 양성에 앞서 인격체로서의 인간 형성을 우선적으로 전제하여야 하며, 이를 위한 교양 교육의 실시를 소홀히 해서는 안 될 것이다. 바꾸어 말하면, 참다운 의미의 '연구' 및 '사회봉사' 의 기능은 '개인의 발전' 이라는 기능이 수행되어지는 선행 조건 아래에서 그 가능성을 기대할 수 있다 하겠다.

이러한 측면에서 볼 때, 현대 대학이 보여 주는 인간 형성 교육의 경시 현상은 사회 발전을 지향해야 하는 대학의 역기능적 현상이 아닐 수 없다.

• 강희천, 「대학 교육 기능의 변화와 갈등」 중에서

● **〈듣고 말하기 2〉**

내년에 서울의 유명 사립대를 졸업하는 이모(25) 씨는 친구들에게서 '취업 5종 세트' 의 전형으로 불린다. 취업 5종 세트는 취업을 위해 아르바이트, 공모전, 봉사 활동, 인턴, 자격증은 필수라는 데서 생겨난 신조어이다.

그는 올해 1학기 유럽에서 교환학생으로 공부했고 공모전 수상 경력도 있다. 각종 인턴과 봉사 활동은 기본이다. 이 씨는 복수전공으로 경제학을 택했지만 경제학 자체에는 관심이 없었다. 원래 전공인 정치외교학과를 나왔다는 것만으로는 취직하기 힘들다는 생각에서 내린 선택이었다. 교환학생 경험도 전공 공부보다는 이력서를 더욱 화려하게 채우기 위한 성격이 짙었다.

청년 실업률이 7%를 넘는 취업난 속에서 치열한 생존경쟁을 벌여야 하는 요즘 대학생들에게 이념이나 규범은 옛말이다. 다소 변칙적인 방법을 써서라도 현실적인 목표를 달성하는 것이 지상과제이다. 실제로 연세대 최평길 명예교수 연구팀이 대학생의 의식 흐름을 추적 조사한 결과에 따르면 "목표 달성에 어려움이 있어도 정도(正道)를 걷겠다"는 대학생은 절반가량 줄어든 반면 "정도가 아니라도 상관없다"는 대학생은 3배가량 증가했다.

1977년에는 목표 달성에 '합법적' 방법만 쓰겠다는 대학생이 82.7%로 10명 중 8명 꼴이었으나 1987년에는 54.8%로, 2005년에는 46.3%로 계속 줄어드는 추세를 보였다. 반면 '비합법적'으로라도 목표를 달성하겠다는 학생은 1977년 8.4%에서 2005년 23.8%로 3배 가까이 늘었다.

P세대가 취업에 매달리게 된 것은 경제 침체로 미래에 대한 불안감이 커졌기 때문이다. 최 교수 연구팀의 조사에서도 P세대의 가장 큰 걱정거리는 경제 침체로 나타났다. 1987년에는 반독재 민주주의가 34.3%로, 1993년에는 사회 부정부패 항거가 39.3%로 대학생들의 지상과제였으나 2005년에는 0.9%만이 학생운동에 관심을 보였다. 그 대신 전공학과 공부가 34.5%, 취직 준비가 29.5%, 인간관계 확대가 26.2%로 큰 관심사였다.

신진욱 중앙대 교수는 "요즘 대학생들의 방법론을 도덕주의적인 관점에서 비난만 해서는 안 된다"며 "이들이 사회의식이나 책임감, 진실성을 가질 수 없게 만드는 불안감을 이해해야 한다"고 말했다. 연구팀의 1977년 조사에서는 어려움이 닥쳤을 때 목표를 수정하겠다는 학생이 없었으나 1987년 대학생 중 11%가, P세대의 26.3%가 목표를 수정하겠다고 답한 것도 눈에 띈다.

이에 대해 최 교수는 "명분에 대한 집착보다는 상황에 따라 유연하게 대처하려는 P세대의 실용성을 보여 주는 결과로 볼 수도 있다"고 설명했다. 대학생들이 걱정거리로 느끼는 요소 가운데 정치의 후진성은 1987년 46.6%, 1993년 30.6%의 비율을 보였고 P세대의 26.1%도 이를 걱정거리 중 하나로 꼽았다. 정치권에 대한 인식도 부정적이다. P세대가 집단별로 '잘하고 있다'고 평가한 비율은 집권당 3.6%, 야당 3.4%, 국회 2.3%에 불과했다.

10여 년 전 정치, 사회 개혁을 외쳤던 386 운동권 출신이 정치권에 많이 진출했지만 P세대는 그들에게도 불신의 시선을 보냈다. P세대는 무엇보다 운동권 출신 정치인들의 포용력과 도덕성을 문제 삼았다. 49.9%가 포용력에, 43.5%가 도덕성에 불만을 나타냈다. 전문성 부족(37.4%)과 이념지향성(33.8%)이 뒤를 이었다.

한편 북한에 대한 대학생의 적대감은 줄었다. 1977년 조사에서 61.3%로 북한은 대학생이 가장 싫어하는 국가였다. 그러나 P세대는 5.9%만 북한을 싫어한다고 답했다. 63.3%인 일본이나 26.4%인 미국보다 크게 낮은 비율이다. 1977년 대학생의 63.5%가 '북한의 남침'을 위협 요소로 꼽았으나 2005년에는 4.7%로 상황이 완전히 바뀌었다. 1987년엔 대학생의 17.4%가, 1993년엔 2.1%가 북한의 남침을 위협 요소로 생각했다. 또 P세대는 자본주의 체제로의 흡수 통일(16.9%)보다는 남북한 합의 통일(64.1%)을 지지했다. 1987년 조사에서는 자본주의 체제가 47.8%를, 혼합절충식이 38.3%였다.

• 윤완준 기자, 『동아일보』, 2006년 7월 13일자

제2강 개인과 사회

● 〈듣고 말하기 1〉

만나서 반갑습니다. 여러분 오늘 저는 성공하는 대학생들의 주도적 리더십에 대한 이야기를 하겠습니다. 시대가 많이 변했기 때문에 우리는 새로운 리더십을 준비하고 그것을 갖추어야 될 때가 지금입니다. 더구나 여러분들과 같이 대학시절에 주도적 리더십을 갖는다는 것은 바로 여러분들의 삶 전체와 관련이 있고 여러분들의 삶을 성공적으로 이끄느냐 이끌지 못하냐는 지금 이 시점에서 여러분들이 무엇을 준비하느냐에 따라 달려 있습니다. 이 점에 착안해서 여러분들에게 말씀을 드리겠습니다.

방콕에 있는 왓트라미트라는 사원에 있는 불상에 관한 이야기를 하겠습니다. 이 불상은 발견된 것이 50년 전쯤입니다. 왓트라미트라는 절은 조그마한 절입니다.

이 절에는 진흙 불상이 있었습니다. 어느 날 이 절 옆에 도로가 나기 때문에 절을 옮기기로 했습니다. 작업을 하는 중에 비가 와서 작업하는 인부들이 그 진흙 불상 위에 대형 방수막을 덮어 놨습니다.

이 불상이 진흙이라 절의 한 스님이 너무 걱정이 되어 불상을 살펴보니 갈라진 진흙 틈 사이로 광채가 나는 것이었습니다. 너무 놀란 스님은 사람들을 불러와 진흙을 뜯어보니, 황금 불상이었습니다. 그 가치는 우리나라 돈으로 2천2백억 정도 되는 엄청난

불상이었습니다.

이 불상이 왜 진흙으로 덮여 있었는가 하면 지금의 미얀마 즉 옛날의 버마 군이 태국을 수백 년 전에 침략을 했습니다. 미얀마 군인들이 불상을 파괴하거나 가져갈까 봐 승려들이 이 불상을 진흙으로 덮었다고 합니다. 그런데 이 사원에 비밀을 알고 있던 승려들은 모두 몰살되었습니다. 그래서 이 비밀을 수백 년 동안 지켜져 오게 되었던 겁니다.

제가 이 이야기를 하는 이유는 여러분들은 겉은 진흙으로 되어 있고 보잘것없을지도 모르지만 여러분들은 남들이 알지 못하는 엄청난 잠재력이 있다고 말하고 싶기 때문입니다. 여러분들의 능력을 여러분들 스스로가 찾아내서 개발한다면 여러분들은 이 불상처럼 아주 찬란한 빛을 내고 여러분들을 실현하면서 살아갈 수 있을 것입니다. 그러나 여러분들의 잠재 능력을 여러분 스스로가 개발해 내지 않는다면 그것은 영원히 진흙 불상으로밖에 남을 수 없겠죠. 그 책임은 전적으로 여러분들의 것입니다.

비싼 사람으로 살아남고 싶습니까? 아니면 아주 헐값에 노동력을 제공하는 사람으로 살아남고 싶습니까? 그것은 여러분들 스스로가 선택하는 것이지 남이 선택해 주는 것이 아닙니다.

• 김기주, 『성공하는 대학생들의 주도적 리더십』 중에서

167

● 〈듣고 말하기 2〉

최근 한 신문 기사에서 영국 브라이턴 대학의 타라 브라바존 교수가 '요즘 대학들은 '구글 대학'이 됐다'고 꼬집었다. 학생들이 진지하게 학문을 탐구하기보다는 인터넷을 이용해 필요한 정보만 빠르게 얻으려고 한다는 것이다. 그는 온라인 백과사전 위키피디아에 대해서도 '논쟁이 배제된, 합의된 정보만 제공해 창의력을 잃은 세대를 양산한다'고 지적했다. 또한 인터넷에서 얻은 지식을 크게 나쁠 것도 없지만 사실 영양가도 별로 없이 배만 불리는 '흰 빵'에 비유하기도 했다. '구글 대학'은 한국식으로 말하자면 '네이버 대학'쯤이 되지 않을까. 비단 대학생이 아니더라도 이 말에 속이 뜨끔할 사람은 한둘이 아닐 것이다.

정보를 수집할 도구가 발달될수록 사람들은 거기에 의존해 얕은 지식만을 취하고 있다. 생각할 여지없이 아무런 의심도 없이 그저 받아들인 정보들을 지식인 양,

자신의 주장인 양 연막을 친다. 그러나 정보를 이용하는 것이 잘못된 일은 아니다. 문제는 그 정보들이 태생적으로 가질 수밖에 없는 허점과 오류이다. 무비판적으로 받아들이는 정보를 통해 우리의 사고도 당연히 사고의 맹점을 키워간다.

제대로 된 추론이 결여된 사고는 후회스러운 행동을 야기한다. 사실 잘못된 사고야말로 다른 어떤 것보다 삶에서 많은 문제를 만들어 낸다. 그것은 때론 개인 간의 갈등을 뛰어넘어 전쟁과 잔혹함의 원인이 되기도 했다는 사실을 우리는 역사를 통해 확인할 수 있다. 또한 대부분의 사람들은 자신의 사고방식에 별다른 불만을 갖고 있지 않다. 생각보다 많은 사람들이 자신의 사고를 계발하는 것이 중요하다고 여기지 않는다. 그래서 인생을 살면서 생기는 문제들의 근원을 사고의 차원으로까지 추적하려 들지도 않으며, 사고가 인생에서 차지하는 주도적 역할을 깨닫지 못한 채 평생 살아간다.

〈중 략〉

하지만 사고는 학습이라는 영역을 떠나 우리가 삶 속에서 갖추어 나가야 할 필수적인 능력이다.

〈중 략〉

지금 자신의 삶, 즉 현실을 극복하기 위해서는 단순히 '사실들'을 받아들이기보다 질문하고 논쟁하며 도전하는 것을 배울 필요가 있다. 근본적으로 자신의 생각을 살펴보는 것, 다른 사람들의 생각을 곰곰이 따져보는 과정이 필요한 것이다.

• 「왜 비판적으로 사고해야 하는가」의 서평 중에서

제3강 대중매체

● **〈듣고 말하기 1〉**

TV는 현대 정보화 사회에서 시각과 청각을 동시에 활용하여 여러 가지 기능을 하고 있는 중요한 매체 중 하나이다. 현대의 일부 비평가들은 TV가 사람들을 바보가 되게 하는 이른바 '바보 상자' 라는 비판적인 시각을 던지기도 하지만, TV는 사회 대부분의 사람들에게 친근하고 대중적인 경험이 되고 있으며 근래에 와서는 정보 환경 속에서 그 기능과 중요성이 더욱 커지고 있음을 부인할 수 없다. 사실상 TV는 의사소통에 있어서 매우 소비적인 양식이며 인간의 선택과 문화적 · 사회적 결정에도 큰 영향을 미친다.

그럼 정보화 사회의 중요한 매체인 TV의 긍정적인 영향과 부정적인 영향을 살펴보자.

우선, TV의 긍정적인 면은 교양 지식을 제공한다는 점을 들 수 있다. TV는 뉴스, 다큐멘터리 등의 프로그램을 통해 전문적인 지식이나 정보를 쉽고 재미있게 전달한다. 특히, 뉴스는 국내외 사회, 정치, 경제 현상에 대한 정보와 함께 '날씨와 생활' 이라는 부분을 통해 실생활에 필요한 정보를 알려 준다.

두 번째는 일반 사람들에게 의식의 대중화를 가져올 수 있게 한다. 예를 들어 국가적으로 큰 재난이 있을 때 국민들의 의식을 고취시켜 그 문제를 해결하게 하는 경우가 있는데 IMF 시기에 국민들의 '금 모으기 운동' 이라든지, 연말연시에 불우이웃돕기 등이 그 대표적인 예이다.

세 번째는 경제적인 오락의 제공이다. 바쁜 현대 사회에 일정한 여가 문화를 즐기기 어려운 사람들에게 경제적인 부담 없이 영화, 드라마, 노래 등을 제공하여 정신적인 스트레스를 풀 수 있게 한다.

그러나 TV의 이런 긍정적인 면에도 불구하고 TV에는 부정적인 면을 무시할 수 없다.

지나친 TV 시청은 바보로 만들 정도로 신체를 무감각, 무관심, 무반응적 상태로 만든다. 특히, 아동과 청소년들의 경우 이런 상태가 지속되면 학업 능력이나 독서 능력이 떨어지기도 한다.

또한 현대인의 질병인 비만도 TV를 장시간 시청하는 사람에게 더 높게 나타나고 있다. TV를 보게 되면 신체 활동이나 스포츠에 참여할 시간이 줄어들게 되고, 이것은 비만, 고혈압, 당뇨 등의 현대 성인병의 원인이 되고 있다.

또한 TV를 많이 보는 가정일수록 가족 간의 대화가 단절되고, 화목한 가정을 이루지 못하는 것으로 나타났다. 이와 함께 TV는 많은 사람들에게 인종 차별, 남녀 차별 등의 고정관념을 심어 주거나 선입견을 만들게 하기도 한다. TV에 나오는 일부 장면이나 왜곡된 모습을 통해 청소년뿐만 아니라 성인들도 고정관념 내지 편견을 갖게 되는 경우가 생기는 것이다.

이처럼 TV 시청은 긍정적인 면과 함께 부정적인 면을 동시에 갖고 있는 대중매체이다. 그러므로 일반 대중들은 TV가 가지고 있는 긍정적인 면은 잘 취하되 부정적인 영향이 미치지 않도록 유의해야 할 것이다.

• 윤방부(연세대 가정의학과 교수), 「흥미 위주 보도 관행 국민 건강 해친다」 중에서

● 〈듣고 말하기 2〉

⑴ 텔레비전 뉴스에 동양 최초로 새로운 치료법이 나왔다는 보도가 있은 뒤 교수 식당에서 그 내용이 엉터리라는 비판이 나온다. 이런 뉴스 보도에 대해 거의 동일한 비판이 지금까지 계속되어 왔다. 따라서 좀 과장하면 텔레비전에, 특히 뉴스 시간에 보도된 기사는 엉터리라는 것이고 이와 같이 허무맹랑한 연구나 보고에 대하여 텔레비전 뉴스감이라는 농담을 자주 주고받는다.

텔레비전의 뉴스가 아니더라도 주부 대상 또는 생활적인 주제의 방송 프로그램에 건강에 관한 내용이 있다. 의사가 아닌 사람이 질병에 관한 진단, 치료 얘기를 서슴지 않고 하고 또 마치 손오공의 여의봉처럼 검증되지 않고 객관적이지도 않으며 전혀 과학적, 실험적이라 할 수 없는 허무맹랑한 치료법 등이 여과 없이 방영된다.

전혀 의학의 배경도 없는 어찌 보면 소설 같고 어찌 보면 삼국지를 읽는 것 같고, 또 이리보면 그럴 듯해 보이기도 하는, 그야말로 야담 같은 내용의 제목이 대서특필되고 연속 시리즈로 집필되고 있다. 아마도 머지않아 신문사에선 이러한 웃지 못할 치졸한 연재를 묶어서 책을 내어 거창하게 선전해서 돈을 많이 벌 것이다.

한때 식물성 음식을 섭취하라는 친구가 나와서 텔레비전의 프라임타임대에 강연을 하며 전국의 시청자들에게 신드롬을 일으킬 정도로 센세이션을 불러일으킨 적이 있었다.

그 당시 필자와 같은 의사들은 고통의 순간이었다. 너무나 내용이 허무맹랑하고 그야말로 인간의 건강과 질병을 단순화하는 내용이었으며 시청자들과 하물며 양식 있는 사람들까지 그 말을 신봉하고 한술 더 떠서 실제로 음식을 그렇게 먹으니 좋더라

는 등의 얘기를 하고, 정말 고통의 순간이었다.

⑵ 1993년 6월 8일자 모일간지에서는 한강의 교량 중 일부 교량의 교각이 낡아 붕괴 위험에 처해 있다고 매우 큰 활자로 보도하였다. 며칠 후 TV 뉴스에서도 6월 8일자 신문기사와 유사한 내용이 그래픽 애니메이션의 효과를 겸해서 보도된 바 있다. 보도된 사건의 자초지종을 잘 알고 있던 필자는 이러한 보도를 대하면서 우리나라 언론의 현주소를 보게 되었는데 한마디로 너무나 무책임하고 경솔하다고밖에 표현할 수 없다.

교량이란 사용자가 매우 많은, 국가가 소유하고 있는 공공구조물이다. 정말 한강 교량의 교각이 매우 낡아 붕괴 위험에 처해 있다면 어느 바보가 그 교량을 이용하여 출퇴근을 하겠는가? 다행스럽게도 대부분의 국민은 이러한 보도는 지나치게 과장되었다고 일축하고, 언제 그러한 보도가 있었느냐는 식으로 전혀 통행량의 변화를 보이지 않았던 것으로 기억된다.

이러한 사건의 이유는 마치 양치기 소년이 마을을 향해 늑대가 온다고 떠들어대도 마을의 어느 누구도 움직이지 않았다는 이유와 같다고 본다. 전문성이 결여된 보도는 국민이 그대로 받아들이기에는 너무나도 엄청난 것이기 때문일 것이다. 불특정 다수가 사용 중인 공공시설물의 안전에 대한 보도는 보다 신중하였어야만 설득력이 있다.

• 심종성(한양대 토목공학과 교수), 「과장된 사건 보도 심층 취재 아쉬워」 중에서

● **〈듣고 말하기 1〉**

여러분은 동양화와 서양화의 차이에 대해 잘 아십니까?

서양화를 늘 보아왔기 때문에 서양화도 잘 이해하고 있다고 생각하실 것입니다. 그러나 우리는 동양화의 전통에서 자랐기 때문에 자신도 모르게 동양화를 보는 기준으로 서양화를 판단하는 경우가 많습니다. 서양화는 우리와는 전혀 다른 환경에서 발전하여 온 것이기 때문에 동양화에 적용되는 가치 기준으로는 설명될 수 없습니다. 그러나 우리가 서양화와 동양화의 차이를 정확하게 안다면 그들의 문화를 보다 정확하게 인식하게 되리라 생각됩니다.

동양화와 서양화는 매우 다릅니다. 여러분들도 쉽게 한 눈에 구별할 수 있지요? 화선지 위에 먹으로 선과 여백을 살려 그리면 동양화, 캔버스 위에 유화물감으로 색채와 원근감, 입체감 등을 살려 그린 것은 서양화라고 누구나 알 수 있습니다. 이렇게 눈에 보이게 차이가 나는 것은 무엇보다 그림을 대하는 정신적인 측면이 다르기 때문입니다.

우선 자연관에서부터 차이가 납니다. 동양에서는 인간이 자연의 일부분이라고 생각합니다. 여러분들도 그렇게 생각하시지요? 그러나 서양인들은 자연을 인간이 극복해야 할 대상(對象, object)으로 생각하였습니다.

이런 자연관은 각 그림의 재료에 분명히 나타납니다. 동양에서는 화선지에 먹으로, 서양에서는 캔버스에 유화 물감으로 그림을 그립니다. 그런데 각 그림의 단면을 보면 그 양상이 매우 재미있습니다. 동양화가 그려진 화선지는 먹이 스며들어 잘라 보아도 화선지와 먹이 구별되지 않습니다. 그러나 서양화가 그려진 캔버스는 잘라보면 물감이 캔버스에 달라붙어 있기는 하지만 캔버스와 완전하게 구별되어 있음을 알 수 있습니다.

자연을 상징하는 화선지에 인간의 행위를 상징하는 먹으로 그림을 그리면 먹은 즉시 화선지에 스며들어 버립니다. 즉, 자연과 인간이 구별되지 않습니다. 그러나 자연을 상징하는 캔버스에 인간의 행위를 상징하는 유화물감으로 그린 서양화의 경우, 물감이 화면에 견고하게 붙어 있기는 하지만 절단하여 보면 캔버스와 유화물감은 분명히 나뉘어져 있습니다.

화선지나 비단 등에 먹과 붓으로 그림을 그리는 동양화는 그림을 그리는 즉시 바탕에 스며듭니다. 먹의 진하고 연한 것, 자세한 붓놀림을 잘 표현할 수 있는 재료이지요. 그러나 스며들어 버리기 때문에 한 번 그리면 고쳐 그리기 어렵습니다. 또 덧칠을

하게 되면 그림의 생동감이 떨어진다 하여 그다지 좋게 평가받지 못합니다. 그러나 아마천이나 면천 위에 아교 등을 칠하여 만든 캔버스에 유화물감으로 그려지는 서양화는 덧칠이 쉽고 다시 고쳐 그릴 수 있다는 장점이 있습니다.

이런 차이 때문에 동양화와 서양화의 그림 그리기 공부 방법은 매우 다르게 변하여 왔습니다. 먹으로 그리는 동양화의 경우 그림을 고쳐 그리기 어렵기 때문에 한 번에 잘 그려야 했습니다. 한 번의 실수도 없이 화면 전체를 잘 그린다는 것은 매우 어려운 일입니다. 그러니 많은 연습이 필요했습니다. 종이를 바꾸어 가면서 같은 내용을 계속 반복하여 그리는 연습을 하였던 것이지요.

반면에 캔버스에 유화물감으로 그리는 경우, 계속해서 덧칠하여 그림을 고칠 수 있기 때문에 반드시 연습이 많이 필요하다고 말하기 어렵습니다. 시간이 걸리더라도 차근차근 색을 올려나가면서 그리면 되니까요.

그리고 화선지에 먹으로 그리는 경우는 넓게 칠하는 작업보다는 가는 선으로 그리는 작업이 쉽습니다. 이에 따라 선으로 대상을 자세히 표현하는 것이 발달하였습니다. 동양화가 선의 예술이라는 말은 이렇게 나온 것이지요. 일단 이렇게 선으로 대상을 그린 다음 먹의 농담이나 옅은 색으로 표현을 더욱 다양하게 하였던 것입니다. 이에 비해 캔버스에 그림을 그리는 경우는 쉽게 고칠 수 있기 때문에 형태를 스케치하고 차근차근 색을 칠하여 그림을 그렸습니다. 이렇게 하니 선보다는 명암이나 색이 더욱 강조되었습니다.

동양에서는 그림을 인격 수양의 한 방법으로 생각하였습니다. 화가의 정신세계와 인격을 어떻게 표현되어지는지가 중요한 것이지요. 닮게 그리는 것은 일차적인 목적일 뿐이고 정신을 어떻게 표현하는가가 더욱 중요하였던 것입니다. 그러나 서양에서는 정신보다는 장식이나 기록적이 측면, 표현의 방법 등이 더욱 중요하였습니다. 종교화와 왕족이나 귀족의 초상화가 서양화의 대부분을 차지하고 있는 것을 보면 알 수 있습니다. 이에 따라 서양에서는 원근법이나 빛에 의한 변화, 눈앞의 형태를 화면에 옮기는 방법 등을 연구하고 발전하게 되었던 것입니다.

동양화는 그림을 읽는다고 합니다. 즉, 의미의 전달이 중요하기 때문에 그 상징물이 무엇인지 알아보면 되었습니다. 예를 들어, 하늘의 구름을 보고 우리가 '양 같다', '토끼처럼 보인다' 등과 같이 사진과 같이 똑같은 것이 아니더라도 되었습니다. 그러나 서양화는 그 그림을 주문한 사람의 입김이 셀 수밖에 없습니다. 그 사람과 사진처럼 닮지 않으면 돈을 받을 수 없었을 것입니다. 이에 따라, 사진기가 나오기 전까지는 사진처럼 그린다는 것은 서양 화가의 가장 중요한 목표 중 하나였지요.

교류가 별로 없었던 옛날에는 동양인과 서양인의 생활양식과 세상을 보는 방식, 재료와 그 사용법에서 차이가 많았습니다. 그러나 과학과 정보, 통신이 극도로 발달한 현대에는 동양화와 서양화는 이미 하나의 화면에서 섞여서 나타나고 있습니다. 이제는 동양화를 그리느냐, 서양화를 그리느냐는 그다지 중요한 것이 아닌 것이 되었습니다. 그러나 그 내용을 정확하게 알고 하는 것과 모르고 하는 것은 차이가 나기 마련입니다.

• 인터넷 블로그의 글: http://www.gallerystore.co.kr

● 〈듣고 말하기 2〉

권력을 가진 사람이 질병을 앓고 있다면, 질병이 그의 행동에 영향을 미칠 수 있다. 치통을 앓는 사람은 신경질적이 되고, 두통이나 감기는 괴롭고, 폐렴에 걸리면 지치고 쇠약해진다. 만약 권력자가 중대한 결정을 내려야 할 순간에 이러한 병에 걸린다면 어떻게 될까? 신체적 고통이 우리의 상상보다 훨씬 더 큰 영향을 주었던 역사적 사건들도 있었다고 짐작할 수 있다.

톨스토이는 그의 대작 『전쟁과 평화』에서 이 문제를 제기하고 매우 치밀하게 다루었다. 많은 역사가들은 1812년 9월 7일에 벌어진 보로디노 전투에서 나폴레옹이 감기에 걸렸기 때문에 프랑스군이 승리할 수 없었다고 주장했다. 만약 그가 감기에 걸리지 않았다면, 전투에서 훨씬 정교한 전술을 구사했을 것이고 러시아군은 패배하고 전쟁은 다른 양상으로 전개되었을 것이다. 세상의 판도가 달라졌을 것이라는 얘기다. 톨스토이는 그러한 관점이 옳다면, 그해 9월 5일에 잊어버리고 나폴레옹에게 방수 군화를 챙겨주지 못했던 부관이 러시아를 구한 사람이 된다고 주장했다. 톨스토이는 또한, 성 바르톨로뮤 날의 대학살은 찰스 9세에게 위경련이 발생했기 때문이라고 한 볼테르의 말도 인용했다. 그러나 그는 이러한 견해를 너무 순진하고 편협한 발상일 뿐이라며 반대했다. 톨스토이는 세계 역사의 전개 과정은 높은 곳에 있는 힘에 의해 미리 정해져 있으며, 그와 동시에 개인들 각자가 역사적 사건들을 함께 만들어 나간다는 역사관을 지니고 있었다. 그러므로 보로디노 전투에서 나폴레옹의 감기는 단지 표면적인 현상일 뿐이었다. 그는 자신의 관점을 강조하기 위하여 당시 프랑스군이 처한 심리적 상황을 매우 자세히 분석했다.

역사는 개인들이 만들어 간다. 그러므로 개인들의 신체적 혹은 정신적 건강 여부는 역사적 사건에 큰 차이를 만들어 낼 수 있다. 그가 살고 있는 지역과 소유한 권력, 그리고 그 권력의 행사 범위 등은 여러 요인들에 의해 결정된다. 사회적, 경제적 조건이 가장 먼저이지만, 그가 가진 희망과 야망, 좌절과 실망 등의 심리적 요인도 무시할 수 없다. 천재성이나 영웅의 기질을 지닌 사람, 그리고 악인의 특성을 타고난 사람 등은 언제, 어느 민족에서나 존재해 왔다. 그가 어둠 속에 그대로 머무를지 아니면 넓은 세계로 진출할지, 그리고 어떤 목적으로 어느 정도 활동할지를 결정하는 것은 상황이다. 개인 한 사람의 질병 자체는 매우 중대한 질병일지라도 역사의 물줄기를 바꾸지 못한다. 한편 한 지도자의 죽음 자체는 역사적 사건을 변화시키지는 못하지만 그의 죽음으로 역사적 사건의 중요한 원인이 없어질 수는 있다. 한 지도자가 소유했던 힘이 추진력을 읽을 때 역사적 사건의 원인이 사라진다. 혹은 반대로 그의 죽음이 원인을 활성화시킬 수도 있으며 우리는 그러한 사례를 역사 속에서 확인할 수 있다.

• 헨리 지거리스트, 『질병은 문명을 만든다』 중에서

제5강 언어와 문화

● **〈듣고 말하기 1〉**

　대한민국은 인터넷 강국이라 불릴 만큼 통신 시설이 발달하였고, 통신 언어는 우리 생활 속에 깊숙하게 자리 잡고 있다.

　통신 언어는 기존의 언어 체계를 무시하고 있다. 통신 언어는 그 나름대로 음운론적, 어휘론적, 구조적 특성을 지니고 있으며 일종의 사회 방언화되어 가고 있다. 방언은 그 사회 구성원을 결속시키고 그 사회 안에서 원만한 소통이 이루어지지만 그 사회를 떠나면 의사소통의 문제가 발생할 수 있다. 특히 인터넷 통신 언어는 빠르게 변화하는 인터넷 문화의 영향으로 단어의 생성 속도가 빨라 컴퓨터 통신 언어를 사용하는 사람들 사이에서도 원만한 의사소통이 이루어지지 않기도 한다.

　그럼 통신 언어는 어떤 특징을 가지고 있는지 살펴보자.

　컴퓨터 통신 언어는 다양한 특징을 보이고 있는데, 이러한 특징들은 경제성과 다양성을 추구하는 방향으로 진행되고 있다.

첫째, 한글 맞춤법 규정을 무시하고 소리 나는 대로 적는 방식이 많이 나타나고 있다. 소리 나는 대로 적는 것은 빠른 타자를 치기 위한 경제성뿐만 아니라 맞춤법을 신경 쓰지 않고 채팅을 하는 편리함으로 용이하게 사용되는데 이런 무분별한 연철의 사용은 한글 맞춤법을 제대로 익히지 못한 초등학생들에게 큰 문제점으로 나타나고 있다.

둘째, 연철의 형태보다 더 빠르고 편리하게 의사전달을 하고자 하는 형태로 단어의 초성만을 이용한 언어를 사용한다. 그리고 웃음을 나타내는 경우는 문장에서 자신의 감정을 표현하고자 하는 수단으로 쓰이기도 한다.

셋째, 언어의 변화 양상을 무시한 단어의 축약, 탈락, 첨가의 형태가 나타난다. 컴퓨터 자판을 사용하면서 손이 쉽게 가지 않는 부위의 자음이나 모음을 탈락시켜 단어를 생성한다. 이는 손이 쉽게 가는 컴퓨터 자판만을 누름으로 의사의 빠른 전달의 목적으로 사용되는 것이다. 넷째, 자신의 개성을 표출하려는 특징이 강하게 나타나는 부분이 이모티콘이다. 여러 가지 기호를 통해 자신만의 개성을 보여준다.

다섯째, 통신언어의 전이 양상으로 국어의 문법 의식의 약화를 가져오고 있다. 이것은 언어의 기본 기능인 의사소통의 단절을 가져올 수 있다.

그러나 통신 언어가 문제점만을 가지고 있는 것은 아니다. 기성세대의 닫힌 언어의 개념에서 개방적이고 역동적인 언어로 풍부한 감정 표현까지 가능함으로써 새로운 언어가 창조되고 있다는 점은 무시할 수 없는 점이다.

● 〈듣고 말하기 2〉

사회자   오늘은 영어공용화에 대한 사사 토론을 해 보겠습니다. 영어를 한국어와 함께 공식의 언어로 사용하자는 의견에 대해 어떻게 생각하는지 찬성 쪽과 반대쪽의 의견을 들어 보도록 하겠습니다.

반대파   영어공용화에 반대합니다. 그 이유는 공용화가 실패할 가능성이 높기 때문입니다. 동서고금을 막론하고 자국의 언어가 있는 상황에서 어느 날 갑자기 어떤 언어를 공용어로 지정하여 사용한 예도 없거니와 성공한 예도 없습니다. 물론 인도나 필리핀 같은 경우는 영어가 공용어가 되었습니다만, 그것은 식민지 시대에 뿌리를 내려 국민 대다수가 영어를 현실에서 쓰고 있기 때문입니다. 우리나라의 경우 영어는 교과서에나 존재하지 실생활에 전혀 쓰지 않기 때문에 공용화를 할 경우 심각한 〈양극화〉가 생길 것입니다. 즉, 영어를 잘하는 사람과 못하는 사람이 확실하게 구분되어 사회적인 문제가 될 것이

자명하며 이에 따른 부작용이 적지 않을 것입니다. 일부에서 마치 영어를 잘해야 국가가 발전할 수 있다는 논리를 펴고 있으나 독일, 일본, 프랑스 같은 나라들이 과연 영어를 잘해서 세계를 주름잡고 있는 건지 살펴볼 필요가 있고 특히 일본이 우리에게 주는 교훈은 큽니다.

즉, 일본은 영어를 잘하는 소수가 자국민들을 위해 번역을 정확하고 신속하게 하여 자국민이 영어를 전혀 못해도 학습이나 세계의 흐름을 놓치지 않고 따라잡을 수 있게 할 뿐만 아니라 선도하고 있습니다. 우리나라의 경우도 학자들이 부지런히 번역을 한다면 아무 문제도 없을 것 같습니다. 대학에서도 원서로 공부하기를 강요하는데, 실제로 이것을 제대로 이해하는 학생이 몇 명이나 되겠습니까? 현실적으로 영어가 필요한 분야는 소수이며, 이것은 유학파나 영어에 나름대로 성공한 사람들에 의해 충분히 보충·보완될 수 있는 것입니다.

전 국민들이 실생활에 필요도 없는 영어 교육에 열을 올리는 시간과 노력을 좀 더 의미 있는 교육에 투자하는 것이 더 올바르다고 생각합니다.

요즘 국제화 시대라고 하면서 영어를 잘하는 것이 마치 국제화 시대의 조건처럼 여기는데 진정한 국제화는 자신의 문화와 언어를 세계 속에 널리 알리는 것이 아닐까 합니다. 자국의 언어와 문화를 보존하지 않고 영어만 잘하는 것은 국제화가 아니라 미국화라고 보아야 합니다.

찬성파   저는 영어공용화에 찬성합니다. 세계화 시대가 점점 더 빨리 실현되면서 외국인들과 의사소통을 영어로 하는 문화도 자리를 잡고 있다. 대학 입학시험이나 회사에 입사할 때 또한 영어가 필수적인 시험이 되었습니다. 이로 인해 어학연수를 다녀오거나 고액 과외, 학원 등으로 많은 돈을 낭비하고 있습니다. 하지만 가난해 어학연수를 다녀오지 못하거나 영어를 못 하면 무시당하는 등 사회에서도 많은 어려움은 주고 있습니다. 이렇게 영어가 이 사회에 중요한 위치에 오른 만큼 영어공용화를 하여 어학연수나 학원, 과외로 돈을 낭비하기보다는 국내에서 어려서부터 습관적으로 영어를 사용한다면 가난한 사람들도 영어를 접할 수 있기 때문에 무시당하는 일은 적게 될 것입니다. 그리고 공용화를 하지 않아도 몇 십 년 후에는 자연스레 모국어보다 더 많이 쓰는 언어로 자리 잡을 가능성도 많습니다. 요즘 어린이들은 국어보다 영어를 더 먼저 배우기 때문에 오히려 국어를 외국어처럼 느끼는 아

이들이 많다고 합니다. 이런 아이들이 어른이 된다면 결국 국어는 어디에서
도 볼 수 없게 될 것입니다. 그러니 공용어로 만들어 먼 미래에서도 쓸 수 있
도록 조취를 취해야 합니다. 또 어릴 때부터 국어와 함께 영어를 배우면 나
중에 외교나 정치면에서 온 국민이 전보다 자신의 의견을 제대로 표현 할 수
있기 때문에 국력도 신장될 수 있다.

사회자 지금까지 찬성쪽과 반대쪽의 의견을 들어보았습니다. 영어를 공용화했을 때
의 장·단점에 대해 양측에서 말씀해 주셨는데, 다른 분의 의견은 어떠신지
논의해 주시기 바랍니다.

제6강 경제와 생활

● **〈듣고 말하기 1〉**

질문 물가와 실업의 관계에 대해 설명해 주세요.

답 인플레이션은 경제의 공적(公敵)이라고 합니다. 물가가 폭등하면 사람들의
살림살이가 어렵게 됩니다. 소득은 뻔한데 물가가 높아지면 씀씀이를 줄여
야 하는 고통을 감내할 수밖에 없습니다. 따라서 인플레이션을 잡는 일은 어
느 나라든 경제 정책의 주요 목표입니다.

인플레이션은 통화 증발을 유발합니다. 정부가 돈을 많이 찍어 내면 돈의 가
치가 떨어져 물가가 오르게 됩니다. 그렇다면 통화 발행을 줄이면 인플레이
션을 잡을 수 있겠지요. 그런데 인플레이션이란 게 참으로 묘한 구석이 있습
니다. 물가를 잡으려고 통화 공급을 줄이다 보면 실업이 생길 수 있습니다.
인플레이션과 실업이 상충 관계를 가지고 있다는 것입니다. 이 둘이 마이너
스의 상관관계를 보인다는 것이지요.

이 관계를 처음 관찰한 경제학자는 영국의 필립스입니다. 이 사람의 이름을
따서 물가와 실업의 관계를 나타내는 곡선을 필립스곡선(Phillips curve)이라고
합니다. 1958년 필립스를 유명하게 만들어준 곡선이지요. 즉 1861년부터
1957년까지 영국 경제를 관찰한 결과 실업률이 낮은 해에는 인플레이션이 높
고, 실업률이 높은 해에는 인플레이션이 낮다는 사실을 발견한 것입니다.

인플레이션과 실업은 왜 반비례 관계를 보일까요. 정부가 인플레이션을 잡기 위해 통화량을 줄이면 사람들은 돈이 귀해지니까 씀씀이를 줄일 것입니다. 개인의 소비 지출이 줄면 기업들은 물건이 안 팔리니까 매출이 줄게 됩니다. 그러면 기업들은 살아남기 위해 구조조정을 하려들 것입니다. 즉 직원을 감원하고 나섬으로써 실업이 발생하게 되는 것입니다. 정부가 인플레이션을 단칼에 잡지 못하는 속사정이 여기에 있습니다.

• 이종태 기자, 『중앙일보』, 2005년 10월 18일자

● 〈듣고 말하기 2〉

질문 요즘 환율이 떨어져 기업들이 수출을 하고도 손해를 보기까지 한다는 얘기를 들었습니다. 왜 그런지 궁금합니다. 환율과 수출입의 관계를 설명해 주세요.

답 환율이 내려가면 원화의 가치는 높아집니다. 원화의 대미 달러 환율이 1달러에 1200원에서 1100원으로 낮아지면 원화의 가치는 1원당 1200분의 1달러에서 1100분의 1달러로 높아지게 됩니다. 원화 환율 하락이 원화 강세, 원화 절상을 가져오는 것이지요.

이렇게 되면 우리나라는 수출이 줄어들고 수입이 늘어나 국제수지가 악화되는 요인을 안게 됩니다.

기업들은 국제 시장에서 가격 경쟁력이 떨어져 수출이 줄고 채산성이 나빠지는 것입니다. 단순하게 생각하면 종전에는 제품을 수출해 1달러에 1200원씩 벌어들였지만 환율이 내려간 뒤에는 1100원만 벌게 되니까요.

옛날처럼 1200원을 벌기 위해서는 수출 가격을 1달러가 넘는 수준으로 올려야 하지만 무턱대고 그럴 수도 없는 노릇입니다. 가격이 오르면 해외시장에서 잘 안 팔리기 때문입니다. 그렇다 보니 기업들이 손해를 감수하면서까지 수출을 한다는 이야기가 나옵니다.

수입은 늘어나는 요인이 생깁니다. 수입품의 가격이 달러당 1200원에서 1100원으로 낮아지니까 그만큼 가격 경쟁력이 세져서 잘 팔리지 않겠습니까?

환율이 오르는 경우는 이와 반대로 생각하면 됩니다. 원화 환율이 달러당 1100원에서 1200원으로 상승하면 원화 약세, 원화 절하가 이뤄지게 되고 원화 가치가 떨어지는 만큼 수출 기업의 채산성은 좋아지고 수입품의 가격 경쟁력

179

은 떨어져 수출이 잘 되고 수입은 감소해 국제 수지가 개선되는 효과를 보게
됩니다.

• 이종태 기자, 『중앙일보』, 2004년 11월 17일자

제7강 인간과 자연

● 〈듣고 말하기 1〉

급격한 도시화로 한반도에서의 온난화 속도가 세계 평균보다 두 배 이상 빠르게 진
행되고 있다는 연구 결과가 나왔다.

7일 기상청이 국립기상연구소의 연구 결과를 모아 발간한 자료집인 '한반도 기후
변화 : 현재와 미래'에 따르면 한반도의 연평균 기온은 지난 1912년부터 2008년까지
96년간 1.7도 올랐다. 비슷한 기간(1912~2005년) 지구 평균 기온이 0.74도쯤 상승한
점을 감안하면 온난화 속도가 평균보다 두 배 이상 빠른 셈이다. 이러한 기온 상승 원인
의 30%가량이 급격한 도시화 때문이라고 기상청은 설명했다.

기온이 상승함에 따라 한반도의 기후는 아열대화하고 있다. 겨울이 지속되는 기간
은 22~49일가량 짧아져 봄이 더 빨리 찾아오는 반면 여름은 13~17일가량 길어졌다.

가뭄과 호우 등 기상 이변 현상도 심각해질 것으로 예측됐다. 특히 강수량의 지역
별 편차가 심화되면서 지역에 따라 가뭄 및 호우 등 상반된 현상이 나타날 가능성이
높고 주변 바다의 해수면 온도가 오른 탓에 한반도를 지나는 태풍의 위력이 강해질
것으로 전망됐다.

기상청은 지금 추세대로 온난화가 계속된다면 오는 2100년께에는 제주도와 울릉
도, 동해안, 남해안 등의 지역에서 겨울이 사라질 수 있다고 경고했다. 한반도의 대기
중 이산화탄소 농도가 현재의 두 배에 달하면서 연평균 기온이 지금보다 4도 오르고
연강수량은 17%가량 늘어날 것으로 예상된다는 것이다.

기상청의 한 관계자는 '우리나라는 도시화가 상당히 진행된 데다 좁은 공간에 많
은 인구가 밀집해 있어 여타 지역보다 기온 상승폭이 크다'며 '이런 진행 속도라면
머지않아 한반도의 생태계가 완전히 변화하고 열대성 질병이 확산되는 등 기후 변화

180

에 대한 폐해가 가시화될 것'이라고 말했다.

● **〈듣고 말하기 2〉**

　인류는 오랫동안 자연의 순환 구조에 동화해 살아왔다. 인간의 그칠 줄 모르는 욕망을 극대화하기 위해 자연과 자연의 이치를 파괴한 것은 바로 산업 시대다. 산업 사회에 들어서면서부터 인간은 자연을 착취하고 순환 불능 상태에 이르기까지 훼손했다. 지난 시대의 자연 파괴 과정은 인간의 삶에 부메랑이 되어 돌아오고 말았다. 기후 온난화가 인간의 자연 착취에 따라 인간과 자연의 공존에 어두운 그림자를 드리우는 사례다.

　이명박 정부가 저탄소 녹색 성장의 기치를 내걸고 있다. 단기적으로는 에너지 효율과 수자원 절약, 자전거 타기 등이고, 중장기적으로는 태양열·풍력·조력·지열 등 신재생 에너지를 개발하여 환경 관련 기술 산업과 미래 유망 산업의 융합을 시도하겠다는 것이다. 이런 모든 시도가 지속성을 갖기 위해서는 물적, 인적 인프라를 필요로 하며 인프라를 구축, 유지하기 위해서는 정부의 환경 철학이 명료해야 한다. 현재의 상황을 보면, 계획과 구호만 요란하지 정작 우리만의 중장기적 에코시스템 철학은 부재한 것 같다. 무엇보다 안타까운 점은 우리 고유의 에코시스템의 철학을 정부가 무시하고 있다는 것이다.

　우리 조상들은 수백 년 전부터 화쟁(和諍) 사상과 같은 태생적 철학을 통해 인간 중심주의에 대한 비판적 성찰을 했다. 이를 통해 자연의 순환성과 생태 사회에 대한 철학을 논의했으며, 민중 또한 자연의 순환 구조에 자신의 삶을 적용시킴으로써 생태적 삶을 유지하려 했다. 홍수에 대비해 댐을 쌓는 것이 서구적 패러다임이라면 물길을 터 물을 흐르게 하고 나무를 심어 수량을 조절하는 것이 전래의 방법이었다. 후자가 훨씬 더 자연의 순환 구조에 맞다.

　화쟁 사상은 자연과 인간이 하나이되 둘이며, 둘이되 하나라는 불일불이(不一不二)의 철학이다. 자연과 인간을 대립시키는 서구의 이항대립의 가치가 댐을 쌓아 물과 생명의 흐름을 단절케 하는 원리라면, 화쟁 사상은 물이 흐르도록 하고, 물은 나무를 살게 하고, 나무는 물을 품는 원리이다. 인간과 자연의 대립은 아무런 의미를 갖지 못한다. 화쟁 사상과 같은 한국의 자생적인 생태 철학은 이런 면에서 우리에게 커다란 교훈을 준다.

　외부 자연의 순환 구조와 태어난 자리에서 죽고 다시 태어나는 인간의 생태적 본질을 함께 아우른다. 서구의 생태철학의 대립성을 극복하는 좋은 방법이 될 수 있다.

몇몇 신재생에너지 기술만을 나열하는 정부의 저탄소 녹색성장 계획은 성장주의 근시안적 정책으로 귀착될 수밖에 없다. 녹색성장은 수백 년을 이어온 한국인의 생활 철학 바탕 위에서 추진돼야 한다. 한국이 추구해야 할 녹색 성장의 기본은 화쟁적 생태성이어야 한다.

제8강 미래 사회

● 〈듣고 말하기 1〉

유비쿼터스 환경이 될 때의 사회를 예상하고 짐작하는 것은 막연하고 어렵다. 아무것도 아닌 것 같기도 하지만 엄청난 변화가 있을 것 같기도 하기 때문이다. 지금 우리 사회는 아무도 가 보지 않은 세상을 향해 가고 있다. 따라서 누구도 이러한 패러다임의 변화를 정확히 예측할 수 없기 때문에 그저 최신 정보를 습득하기만 할 뿐이다.

그러나 유비쿼터스 관련 지식들이 패러다임화되어야 사람들의 생각과 행동에서 배어나오게 할 수 있다. 가령 주민등록등본을 떼기 위해 가까운 동사무소를 방문해야 하는데, 이것을 오프라인으로 해결한다고 하면 많은 시간과 노력이 소요된다. 몇 시간을 잡고 처리해야겠다는 마음을 먹어야만 할 수 있는 것이다. 하지만 온라인 패러다임으로 바뀌어 있는 사람에게 그것은 방 안에서도 충분히 처리할 수 있는 일이다. 그러나 모든 사람이 이러한 패러다임의 변화를 완전하게 이해하고 습득하진 못한다.

이러한 변화를 가장 잘 받아들이는 사람은 어렸을 때부터 체득하며 자라나게 될 후세들이다. 몸으로 체득해 왔기 때문에 이 책에 나오는 설명 따윈 필요치 않을 것이다. 현재를 살아가는 사람들은 패러다임이라는 칸막이를 극복해야 서로 협력할 수 있지만, 후세들에게 그러한 것은 전혀 방해가 되지 않기 때문에 노력의 낭비가 감소되고 절약된 노력으로 좀 더 창의적인 일을 할 수 있다.

그렇기 때문에 신세대와 구세대는 많은 충돌이 생기는 것이다. 신세대가 보기에 답답하고 말이 안 통하는 구세대에게는 특별한 리더십이 요구된다. 이러한 리더십을 잘 소화할 수 있느냐 없느냐가 그 사람의 능력을 나타내게 된다.

요약하자면 유비쿼터스를 걱정하고 그에 뒤처지지 않으려고 대비책까지 연구하기보다는 있는 그대로 즐기면 된다. 유비쿼터스라는 큰 흐름에 참여하고, 서로 느끼는 바를 토론하고, 그것이 패러다임을 만들고 일종의 대비책이 되는 것이다. 앞에서도 말했지만 유비쿼터스 세상이 어떤 세상이 될지는 아무도 알 수 없다. 하지만, 거기에 대비해서 변화에 유연한 자세를 가지고 변화되는 모습을 지켜보고 거기에 동참하며, 필요할 때마다 가장 적절한 판단을 내리면 될 뿐이다.

• 김석수, 『유비쿼터스 라이프와 미래사회』 중에서

● 〈듣고 말하기 2〉

미국 뉴욕에 사는 물류 컨설턴트인 그레그 브룩스(38)는 집이 없다! '집을 살 돈'이 없어서가 아니라, '집에서 살 시간'이 없어서다. 그는 1년 365일 가운데 330일 가량을 외국의 고객 사무실과 특급 호텔, 고급 레스토랑에서 보낸다. 그에게 집이란 출장을 떠나기 전에 잠시 머무는 곳에 불과하다.

브룩스는 세계 시장을 무대로 뛰는 이른바 비즈니스 '노마드(유목민)'의 전형을 보여준다. 유목민이 말을 타고 초원을 찾아 방랑하듯, 이들은 비행기를 타고 시장을 찾아 헤맨다. 세계가 하나의 거대한 시장으로 통합되는 글로벌 시대가 낳은 신흥 계층인 셈이다.

이들 세계에 명함을 내밀려면 집 밖에서 보내는 날이 1년에 적어도 300일은 넘어야 한다. 〈뉴욕타임스〉는 최근 세계화 진전에 따라 '300 클럽' 회원들이 증가하고 있다며, 노트북과 비행기로 대표되는 이들의 생활 양식에 주목했다.

'비즈니스 노마드'는 대체로 젊고 학력 수준이 높으며 대도시에 거주한다는 공통점을 갖고 있다. 독신자 비율도 상대적으로 높다. 이들은 가족애나 우정 같은 인간관계보다는 정보 교환이나 사업 기회 참여 따위의 상업적 관계를 중시한다. 이들의 문화를 탐구하는 작가 로버트 졸레스는 "이들은 집에 있을 때도 호텔에 있을 때와 별다른 차이를 느끼지 못한다"고 말했다.

비즈니스 노마드가 늘면서 이들을 연결시켜 주는 사업도 각광받고 있다. 최근 문을

183

연 '노마드 비즈니스 클럽'은 낯선 도시에서 홀로 숙식을 해결하기 일쑤인 이들에게 같은 처지의 사람들과 교류할 수 있는 기회를 제공한다. 클럽을 개설한 스테판 버그나우드는 영국 〈비비시〉(BBC) 방송과의 인터뷰에서 "낯선 도시에서 혼자 밥을 먹고 술집을 찾는 사람을 상상해 보라"며 "이들의 외로움은 이제까지 없었던 새로운 현상"이라고 말했다.

이들이 주로 노트북을 가지고 다니고 국외 여행을 많이 한다는 점에 착안한 사업도 생겨나고 있다. '비즈 트래블'은 이들에게 노트북을 들고 탈 수 있는 항공사나 무선 인터넷을 싸게 쓸 수 있는 호텔 따위의 정보들을 제공한다. 독일의 '그로워 워터 테크놀로지'는 이들에게 여행을 마치고 돌아와 집에서 쉴 때 피로를 풀 수 있도록 기능성을 강화한 욕조를 판다.

비즈니스 노마드의 수가 얼마인지는 정확히 파악할 수 없다. 〈뉴욕타임스〉도 이들의 수가 증가한다는 것 외에 이들을 표현할 통계가 나와 있지 않다고 지적했다. '노마드 비즈니스 클럽'은 인터넷 홈페이지에서 이들이 전세계적으로 100만여 명에 이를 것으로 추산했다.

• 유강문 기자, 『한겨레』 2005년 10월 31일자

듣기 문제
해답

 제1강 대학의 역할과 기능

● **1강 듣고 말하기 1** 19쪽
1 ③ 기술자 양성　　　　**2** ③
3 대학은 인격체로서의 인간 형성을 우선시해야 하며 교양 교육의 실시를 소홀
히 해서는 안 된다.

● **1강 듣고 말하기 2** 23쪽
1 1987년-반독재 민주주의(34.3%), 1993년-사회 부정부패 항거(39.3%), 2005
년-전공학과 공부(34.5%)
2 ③　　　　**3** ③

제2강 개인과 사회

● **1강 듣고 말하기 1** 38쪽
1 ③ 연설문　　　　**2** 리더십　　　　**3** ④
4 잠재 능력을 개발해 내어 자아를 실현해 나가자.
5 〈보기 예〉 구성원을 이끌어갈 리더십과 어떤 일을 결정할 수 있는 결단력, 그
리고 결정한 일을 실행할 수 있는 힘이 있어야 한다.

● **2강 듣고 말하기 2** 42쪽
1 ②　　　　**2** ④　　　　**3** 생략

186

제3강 대중매체와 인간

● **3강 듣고 말하기 1** 55쪽

1 TV는 긍정적인 면과 부정적인 면을 가지고 있다.

2 ① 긍정적인 면:

정보를 제공하고 의식의 대중화를 가져오게 하고 경제적인 오락을 제공한다.

① 부정적인 면:

신체를 무감각, 무관심, 무반응적 상태로 만들고, 성인병의 원인이 되고, 편견을 갖게 한다.

3 생략

● **3강 듣고 말하기 2** 59쪽

1 ③   **2** ④   **3** ②   **4** 생략

제4강 역사와 전통

● **4강 듣고 말하기 1** 75쪽

1 동양화는 화선지 위에 먹으로 선과 여백을 살려 그린다. 자연을 닮은 화선지에 인간의 행위를 상징하는 먹으로 그리면 그리는 즉시 스며들어 화선지와 먹이 하나가 된다. 그리고 동양화는 고쳐 그릴 수가 없기 때문에 한 번의 실수도 없이 한 번에 화면 전체를 그려야 한다. 그리고 동양화는 사물을 닮게 그리는 것보다 작가의 정신을 어떻게 표현했는가가 중요시된다.

2 서양화는 캔버스 위에 유화 물감으로 색채와 원근감, 입체감 등을 살려 그린다. 그리고 서양화는 덧칠이 쉽고 다시 고쳐 그릴 수 있는 장점을 가질 수 있다. 서양화에서는 원근법이나 빛에 의한 변화, 눈앞의 형태를 화면에 옮기는 방법 등을 연구하고 발전하게 되었고, 사진처럼 그리는 것이 서양화의 중요한 목표이다.

3 동양화와 서양화는 동양인과 서양인의 생활양식과 세상을 바라보는 방식, 재료와 그 사용법에 따라 차이가 있다. 동양화는 자연과 인간이 구별되지 않는 하나라는 동양인의 의식이 반영되어 있지만 서양화는 자연을 인간이 극복해야 할 대상으로 생각하는 서양인의 사상이 반영되어 있다. 일례로 동양화에 쓰이는 재료인 화선지와 먹은 잘라 보았을 때 먹이 화선지에 스며들었기 때문에 구분이 되지 않지만 서양화의 캔버스와 유화 물감은 절단했을 때 분명히 나누어져 있다. 동양화에는 그리는 화가의 정신을 표현하기 때문에 사실 그대로 닮게 그리는 것이 목적이 아니지만 서양화의 경우에는 사진처럼 명암, 색채 등이 있는 그대로 그려지는 것이 중요하다. …이하 생략…

● **4강 듣고 말하기 2** 81쪽

1 역사는 개인들이 만들어 가는 것이므로 개인들의 신체적 혹은 정신적 건강 여부에 따라 역사적 사건에 큰 차이를 만들어 낼 수 있다. 개인 한 사람의 질병 자체는 아주 중대할지라도 역사의 물줄기를 바꾸지는 못하지만 한 지도자의 죽음으로 역사적 사건의 중요한 원인이 사라질 수도 있고, 원인을 만들 수도 있다.

2 생략

 **언어와 문화**

● **5강 듣고 말하기 1** 92쪽

1 ① 한글 맞춤법 규정을 무시한 소리 나는 대로 적는 방식이 많이 나타나고 있다.
② 단어의 초성만을 이용한 언어를 사용한다.
③ 언어의 변화 양상을 무시한 단어의 축약, 탈락, 첨가의 형태가 나타난다.
④ 자신의 개성을 표출할 수 있는 이모티콘을 사용한다.
⑤ 문법 의식의 약화로 의사소통의 단절을 가져올 수 였다.

2 컴퓨터 통신 언어는 다양한 특징을 보이고 있는데, 이러한 특징들은 (경제성   )
과 (다양성)을 추구하는 방향으로 진행되고 있다.

3 기성세대의 닫힌 언어에서 개방적이고 역동적인 언어로 풍부한 감정 표현까지
가능하게 하는 새로운 언어가 창조되고 있다.

4 생략

● **5강 듣고 말하기 2** 96쪽

1 영어를 한국어와 함께 공식의 언어로 사용하자는 의견

2 식민지 시대에 뿌리를 내려 대다수가 영어를 현실에서 쓰고 있기 때문에

3 영어를 잘하는 소수가 자국민을 위해 번역을 정확하고 신속하게 함.

4 자신의 문화와 언어를 세계 속에 널리 알리는 것.

5 ① 세계화 시대에 외국인들과의 의사 소통을 위해

② 입학, 입사 시험에 필수이기 때문에

③ 어학연수나 학원비 등의 돈을 낭비하지 않기 위해

189

 경제와 생활

● **6강 듣고 말하기 1** 112쪽

1 1) 인플레이션은 돈의 가치가 떨어지고 물가가 오르는 것이다. 그런데 물가가
오르는 것을 잡으려고 통화량을 줄이면 실업이 생기고, 반대로 실업을 줄이
려고 통화를 늘리면 물가는 더 올라간다.

2) 물가를 잡으려고 통화량을 줄이다 보면 실업이 생길 수 있다.

3) 돈의 가치가 떨어져 돈의 가치를 올리려고 통화량을 줄이면 실업이 늘고,
실업을 줄이려고 통화량을 늘리면 물가가 오르는 현상이 생긴다.

● **6강 듣고 말하기 2** 115쪽

1 1) ②　　　　　　　2) 2001년~2003년, 2004년 이후
2 이익을 보는 분야-수입 업체, 손해를 보는 분야-수출 업체

 인간과 자연

● **7강 듣고 말하기 1** 132쪽

1 ①　　　　**2** 1.7도 / 겨울 소멸 / 이산화탄소 / 4도 / 연강수량
3 생략
4 캐나다 빙하의 붕괴-(1), 인도네시아 쓰나미-(2), 서해안 기름유출-(3),
　　아마존의 사막화-(4)

● **7강 듣고 말하기 2** 137쪽

1 ②　　　　**2** ④　　　　**3** ④

 미래사회

● **8강 듣고 말하기 1** 148쪽

1 ③
2 ④ 유비쿼터스의 패러다임의 변화를 이해하고 습득해야 한다. 그리고 신세대
　　와 구세대의 많은 충돌을 극복하기 위한 리더십이 요구되며, 유비쿼터스라는
　　큰 흐름에 참여하는 유연한 자세를 가져야 한다.

1 [예시]

1년에 300일 이상 출장을 떠나 외국의 고객 사무실과 특급 호텔, 고급 레스토랑에서 보내는 신흥 계급

2 인간관계보다는 상업적 관계를 맺어 주는 클럽, 노트북을 이용할 수 있는 항공 상품, 주별로 빌려주는 주거 형태 등등

3 가족 중심에서 개인 중심의 사회로 변화하고 한 곳에 정착된 삶보다는 이동하는 삶의 방식이 늘어나서 국가, 민족의 개념이 흐려질 듯하다.

4 생략

연습 문제
해답

제1강 대학의 역할과 기능

● **1강 연습문제** 27쪽

1 1) 노트 필기

① 대중 매체의 정의: 소수의 정보 제공자가 다수의 대중에게 정보를 제공하는 수단.

② 　　　　　대중 매체의 종류

　　　전파　　　　　　　　　　　인쇄

　　　텔레비전, 라디오　　　　　　잡지, 신문

　　인터넷(→ 1990년대 후반부터 정보 전달↑)

2) 대중 매체는 소수의 정보 제공자가 다수의 대중에게 정보를 제공하는 수단이라고 정의할 수 있고, 그것의 종류에는 텔레비전, 라디오, 잡지, 신문, 인터넷이 있다. 그런데 그것을 전달 방법에 따라 분류해 보면 전파를 이용한 텔레비전과 라디오, 인쇄를 이용한 잡지와 신문이다. 이 외에 인터넷이 있는데 1990년대 후반부터 인터넷을 이용한 정보 전달이 급격하게 증가하고 있다.

2 (1) 〈예시〉

1) 노트 필기

(1) 한국과 일본은 재정의 75%를 사립대학이 책임을 져야 한다.

　　등록금이 없는 나라도 있음. 미국의 하버드대−12%

　　한국 사립대학−정부 보조금 ↓, 재단 전입금의 비율↓

(2) 낮은 사립대학의 등록금과 획일적 금액→교육의 질과 서비스 높이기 어려움.

　　대학 등록금 인상 반대 투쟁 연례 행사→등록금 인상 높이기 어려움.

(3) 기부금 입학제 필요

　　이유: ① 사회주의 국가인 러시아에도 기부금 입학제 있음.

　　　　　② 부(富)가 재분배되는 동시에 교육 기회가 확대

　　　　　③ 기부금으로 시설에 투자한다면 세금을 축내지 않고도 모두가 혜택

　　　　　④ 대학 정원일 줄어들기 때문에 발전이 필요

(4) 기부금 입학제는 대학의 자율에 맡겨야 함.−정부의 지나친 간섭은 창의성과 다양성, 수월성(秀越性)이 말살됨.

2) 설명하기

대학 등록금이 없는 나라도 있는데 한국과 일본의 사립대학은 정부의 지원
도 적고 재단전입금의 비율도 낮아 재정의 75%를 책임져야 한다. 그런데 낮
은 사립대학의 등록금 때문에 교육의 질을 높일 수 없다. 그렇다고 등록금을
쉽게 올릴 수도 없는 것이 매년 등록금 인상 반대 투쟁이 매년 일어나기 때
문이다.

이런 문제를 해결하는 방법으로 기부금 입학을 생각해 볼 수 있다. 아직 국
내에서는 기부금 입학에 대해 거부감을 느끼지만 사실, 사회주의 국가인 러
시아에서도 이 제도는 있으며 돈이 많은 학생이 돈을 내어 많은 학생이 혜택
을 받는 부(富)의 재분배가 생길 수 있고, 또 기부금으로 학교 내 시설에 투자
한다면 세금을 축내지 않고도 모두가 혜택를 받을 수 있다. 또한 대학 정원
이 줄어들어 들기 때문에 각 사립대학의 발전이 필요하다. 그러므로 기부금
입학제는 지방대학과 사립대학에 필요하며, 이것을 정부가 지나치게 간섭하
는 것은 대학의 창의성과 다양성을 없애는 것이다.

(2) 〈예시〉

1) 노트 필기

① 기부금 입학제 찬성 이유: 사립대학의 재정 확충, 대학의 자유를 포함한 자
율성 확보, 이공계 영역의 국제 경쟁력 강화 등을 내세움.

② 기부금 입학제의 반대 이유:

　가) 금전적 요소를 도입하는 것은 국민 사이의 위화감을 조성

　나) 기부금이 재단의 사적 이익을 도모하는 데 사용될 가능성

　다) 재정 확충은 기부금 입학이 아닌 방법도 있음. → 재단 적립금 이용, 기
　　　업 등의 투자)

2) 설명하기

사립대학의 재정 확충과 대학의 자유를 포함한 자율성 확보, 그리고 이공계
영역의 국제 경쟁력 강화 등을 내세워 기부금 입학제를 도입하자는 의견이
있으나 아직 기부금 입학제는 도입하는 것에는 몇 가지 문제점이 있다.

첫째, 대학 입학이 실력이 아닌 돈으로 가능하다면 국민들 사이에 위화감이
조성될 것이다. 둘째, 기부금이 대학의 발전에 사용되지 않고 재단의 사적
재산을 축적하는 도구로 사용될 가능성이 있으며, 셋째, 재정 확충의 방법으

로 기부금 입학제가 아닌, 재단의 적립금 사용이나 기업들의 투자 등이 있을
수 있다.
그러므로 아직 우리 사회에서 기부금 입학은 적용하기 어렵다.

 **개인과 사회**

● **구어와 문어차이 연습** 45쪽

(가) 한국 땅부터 밟다

　왜 한국 성균관대학교에 왔나? 더 큰 세상으로 가 보겠다고 생각하고 다니던 대
학을 자퇴하고 한국 땅부터 밟았다. 우리 집에서는 내가 이렇게 공부하고 있는 것을
모를 것이다. 그런데 나는 옛날에 분명한 목표가 없었다. 공부를 해야겠다는 필요성
을 못 느꼈다. 그런데 지금은 올해 꼭 교양 전공 점수를 잘 받아야겠다는 목표를 세
웠다. 남들보다 부족한 것을 알지만 더 열심히 해야 한다. 내가 잘나고 못나고를 떠
나서 다른 사람 탓을 할 것 없이 더 열심히 할 것이다. 친구들한테 이런 말을 했다.
너희가 여기 온 것은 좋은데, 일단 가고 보자고 생각해서 온 것이라면 그것은 아니
라는 것이다.
　물론 그렇게 해서 길을 찾을 수도 있겠지만 그래도 어느 정도 갈 길은 정하고 와
야 된다고 생각한다. 나는 지금 여기 막 생활에 자리를 잡아가는 상태이어서 지금
은 그냥 열심히 해야 한다는 생각뿐이다.
　어떻게 보면 나는 고향에 있는 친구들보다는 대학을 조금 늦게 들어가는 셈이
다. 그래도 나는 자신이 있다. 앞으로 정말 잘할 수 있다고 생각한다.

(나) 2009년이 되면서 내 나이도 이제 20대가 되었고 대학생이 되었다. 1년 전에
　　한국어를 배우기 시작했을 때는 생활이 아주 재미있고 지금처럼 힘들지 않았
　　다. 그런데 지금 생활은 한국어만 배울 때보다 아주 바쁘고 힘들다. 입학 후에
　　나는 한국 친구들과 함께 수업도 듣고 친구가 될 수 있다는 생각에 아주 좋았는
　　데 모든 수업에서 성적이 상대평가라는 말을 듣고 많이 놀랐다. 친구가 성적을 잘

받으면 나는 잘 못 받을 가능성이 커진다는 말을 듣고 쓰러질 것 같았다. 외국 사람인 내가 당연히 한국 친구들보다 잘 못 받을 것이 당연하기 때문이다. 그러나 여기서 포기하지는 않을 것이다. 내가 한국 대학을 선택한 만큼 최선을 다할 것이다. 그리고 나의 발전과 더 깊고 넓은 지식을 쌓아 가기 위해 노력할 것이다.

(다) 요즘 많은 사람들이 햄버거, 샌드위치, 피자 등의 패스트푸드를 많이 먹는다. 요즘처럼 바쁜 시대에 패스트푸드는 많은 시간을 절약하고 간편함을 준다는 것을 부인하지는 못한다. 그러나 패스트푸드로 상징되는 바쁜 현대 사회에서도 음식만은 느긋하게 건강하게 즐기자는 슬로푸드 운동이 여성들 사이에서 확산되고 있다. 패스트푸드 대신 손이 많이 가는 전통 음식을 식탁에 올리고 채소 등을 직접 재배하는 사람들도 늘고 있다. 또한 건강을 지키기 위해 식탁에도 느림의 철학이 필요하다는 여성들의 모임도 생기고 있다. 느긋함과 여유를 되찾자는 움직임이 철학에서 식탁으로 조용히 번지고 있다.

● 한국어 문장 바로 쓰기 문제 답안 47쪽

1 ① 부분이　　② 수업을　　③ 발전이/수입이　　④ 내용을　　⑤ 실현하고
　　⑥ 것이/문제가　　⑦ 적극적으로/태도가　　⑧ 시간을/않았다　　⑨ 1년 반을

2 ① 모든 것이　　② 일을　　③ 대학생이/쉬운 것이　　④ 회사에

3 ① 대학 4년의 생활도 이 4주처럼 빠르지 않겠나?
　　② 대학생과 다른 사람의 차이는 무엇인가?

4 ① 한다　　② 부족하다　　③ 것이라고 생각한다/본다

제3강 대중매체와 인간

● 3강 연습문제 64쪽

1 인테넷
　　① 장점: 인터넷으로 여러 가지 정보를 얻을 수 있고, 게임이나 영화 등을 쉽게

보면서 스트레스를 풀 수 있다. 또한 메신저, 채팅, 메일 등으로 먼 거리에 있는 사람과도 쉽게 소통할 수 있다.

② 단점: 보통 의자에 앉아서 하기 때문에 운동하는 시간이 줄어들어 살이 찔 수가 있고, 가족들, 친구들 등 사람들과 함께 보내는 시간이 줄어들 수 있다. 또한 유해 사이트에 쉽게 접근할 수 있기 때문에 청소년들에게 나쁜 영향을 줄 수도 있고 게임 중독과 같이 인터넷 중독에 걸릴 수도 있다.

2 게임

① 긍정적인 면: 복잡하고 바쁜 현대 사회에서 경제적이고도 쉽게 여가 생활을 즐기는 도구로 자리매김되고 있으며, 교육적인 효과와 창의적인 두뇌 개발에도 도움을 주고 있다. 실제로 어휘 습득 프로그램, 사고력 증진 프로그램 중에는 게임을 이용한 교육 프로그램이 많이 있다.

② 부정적인 면: 많은 성인들이 즐기는 게임(고스톱, 포거 등)들이 청소년들에게 무방비 상태로 노출되고 있어 문제가 되고 있으며 게임 중에 폭력적인 게임은 게이머들을 실제 생활에서도 폭력성을 띠게 만들고 있다. 또한 게임 중독으로 인해 발생되는 도덕적, 사회적인 문제로 많은 우려를 낳고 있다.

역사와 전통

● **4강 연습문제** 84쪽

1 하회탈의 눈웃음의 의미

웃음을 논하는데 '안동 하회탈' 은 빠질 수 없을 정도로 의미가 있다. 익살과 해학의 미소가 있고, '양반탈' 의 웃음엔 여유와 낙관이 넘쳐 흐른다. 양반님네를 풍자하고 야유하면서도 모든 갈등을 녹여내는 넉넉함과 담담함이 있고, 우리의 삶을 그대로 보여 주는 유쾌한 웃음이 있다. 또한 하회탈에는 교태 넘치는 눈웃음도 있다. 하회탈 중 '부네탈' (기생탈)은 양반을 유혹하는 은밀한 미소인데 분칠한 입술, 연지 곤지 바른 이마와 양 볼, 꽉 다문 입과 가느다란 실눈엔 요염함이 그득하다. 그럼에도 천박함에 떨어지지 않는 절제가 있어 더욱 돋보인다.

2 석가탑과 다보탑의 특징

불국사 대웅전 앞에 나란히 서 있는 동쪽의 다보탑과 서쪽의 석가탑은 불국사에 담겨진 신라인의 염원과 이상, 예술혼의 결정체이다. 섬세하고 치밀한 선이 가히 아름다움의 극치를 보여주고 있다. 석가탑은 통일신라시대 석탑의 전형적인 모습이다. 네모 반듯한 모양의 이중 기단 위에 3층의 탑신을 올리고, 마지막으로 상륜부를 올렸다. 기단은 상층과 하층으로 구분된다. 하층기단은 넓게 만든 반면에 높이를 낮게 했고, 상층 기단은 높게 만든 반면에 폭을 좁게 해서 서로 균형을 이루도록 했다.

다보여래라는 부처에서 유래한 다보탑은 방형 평면을 기본으로 하면서 방형과 팔각을 조화롭게 반복하여 전체적으로 부처의 한량없는 공덕과 무궁무진한 정신력, 그리고 깨끗하고 청정한 자비심을 상징하고 있다. 기단은 높은 단층의 방형으로 네 방향에 10단의 계단을 배설하고, 이 돌계단 입구에 세워진 돌기둥 뒷면에는 동자주(童子柱) 형태를 양각하고, 기둥머리에는 둥근 구멍이 뚫려있어 본래 이 돌기둥과 연결되는 난간이 있었던 것으로 추정된다. 기단을 덮은 갑석의 네귀에는 원래 네 마리의 사자를 배치하였던 것으로 현재는 한 마리만 남아 있다. 변화무쌍한 형태에서 법화경의 진리를 이상적으로 구현한 이 다보탑은 일정한 틀에 얽매이지 않고 언제나 새로운 표현 방법을 추구한 신라인의 독창적인 창의력을 엿볼 수 있다.

3 (1) ① 요약하기 – 페르시아 전쟁의 의의에 대해 기술하시오.

   ② 설명하기 – 페르시아 전쟁이 발생된 계기와 결과에 대해 서술하시오.

(2) ① 요약하기 – 페르시아 전쟁의 의의에 대해 기술하시오.

   답: 아테네 고유의 민주주의 문화를 발전시킬 수 있었으며 그리스 문명의 특징이 된 여러 요소들이 생겼났다. 또한 그리스 문명이 서구 문명의 중심이 되었다.

   ② 설명하기– 페르시아 전쟁이 발생된 계기와 결과에 대해 서술하시오.

   답: 기원전 492년부터 10년 이상이나 지속되었던 페르시아 전쟁은 아시아 전제 국가와 그리스의 도시 국가 간의 대결로서 역사적으로 큰 의

의를 가지고 있다. 페르시아는 BC 525년까지 오리엔트를 통일하고, BC 513년부터 발칸 반도 원정을 시작했다. 트라키아와 마케도니아를 점령한 다리우스왕은 다뉴브 강을 거슬러 올라가며 영토를 확장했다. 이 때 트라키아 반도에 주둔하던 아테네 군 사령관 밀티아데스(Miltiades)가 페르시아 군의 진격을 막고자 다리를 불태웠으며, 이는 페르시아제국의 왕 다리우스 1세의 분노를 샀다. 이것이 후에 페르시아의 트라키아 공격의 원인이 되었다. 당시 페르시아는 동으로는 인더스 강에서 서쪽으로는 사하라 사막에 이르는 광대한 영토를 가지고 있었으며, 당시의 군사력은 세계 최강이었다. 육군 30만 명, 전함 800척으로 그리스와의 전쟁을 치르게 되었던 것이었다. 이것은 그리스군보다 거의 2배나 많은 군사의 규모였다. 그러나 페르시아군은 우세한 군사력에도 불구하고 그리스군에게 대패했다.

200

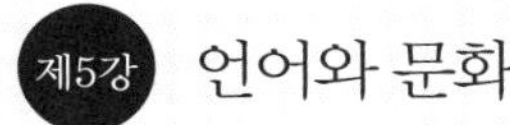 언어와 문화

● **5강 연습문제** 105쪽

1 1. 서론-언어의 공통성에 대한 설명

   2. ___언어와 한국어의 자음, 모음의 차이

   3. 단어 형성법의 차이

   4. 문장 구조의 차이

      4.1. '주어+서술어+목적어' 구성, '주어+목적어+서술어' 구성

      4.2. …

   5. 결론-두 언어의 유사점, 차이점 정리

2 1. 서론-언어 보호 정책의 필요성

   2. 느슨한 정책을 취하는 나라의 예와 정책

   3. 강경한 정책을 취하는 나라의 예와 정책

   4. 각 나라의 정책의 문제점 및 보완점

   5. 결론-국제화와 자국 문화 보호 두 가지를 적절히 하는 방법 제시

제6강 경제와 생활

● **6강 연습문제** 124쪽

1 보고서의 개요

주제: 청년 실업의 원인과 해결 방안

1) 주요 기업의 청년층 비율이 97년 40.6%에서 2004년 31.0%로 감소하였다.

2) 주요 원인

① 경제의 성장 속도가 둔화되고 이에 따라 고용 흡수력도 저하

② 기업들이 경력 근로자를 채용하는 경향이 크게 증가

③ 대기업의 청년층 일자리 임시, 일용직 비중이 증가

④ 구직자의 눈높이 조정 실패

3) 해결 방안

① 정부 차원의 일자리 창출 노력

② 기업의 임시, 일용직 비중 감소를 위한 정책적 노력

③ 중소기업의 임금 수준, 후생 복지, 근로 시간, 작업 환경 개선 노력

④ 청년층 취업 알선을 위한 공공, 민간 기관 강화

4) 결론: 청년 실업률 감소를 위한 정부 차원원 지원과 대책 마련과 함께 구직
자들의 눈높이를 낮추어 함을 주장.

2 인용 자료: 원인과 해결 방안에 해당하는 것.

3 생략

제7강 인간과 자연

● **7강 연습문제** 139쪽

1 인간은 자연의 순환 구조에 동화해 살아야 한다.

• 인간의 욕망으로 자연의 이치를 파괴해 왔다.

- 그 결과 자연의 역습이 시작되었다.
- 인류의 재앙을 막을 대책이 필요하다.

2 주제1–ⓒ, ⓢ, 주제2–ⓑ, ⓞ, 주제3––ⓖ, ⓡ, ⓜ 주제4–ⓖ, ⓜ, ⓑ

 미래사회

● **8강 연습문제 1** 154쪽

1 ① 시간 개념의 변화: 개인이 정한 스케줄에 따라 유연하게 변함

② 공간의 다양화: 개인 활동 범위가 넓어짐.

③ 지식의 확산과 융합: 인터넷을 통한 개인 지식들의 집적, 융합, 확산됨.

2 슈퍼 개인: 개인이 사회적, 국가적인 큰 영향력을 미침.

한국의 슈퍼 개인: 골프 선수–박세리(많은 차세대 골프 선수를 양산), 피겨스케이팅
선수–김연아(세계에 한국 위상을 높임), 종교인–법정 스님, 김
수환 추기경(많은 사람들의 삶에 영향을 밑침) 등등

3 생략

● **8강 연습문제 2** 159쪽

1 ②, ①과 ③은 제목과 내용이 분리되어 있지 않고, 문장으로 되어 있어서 한눈
에 정보가 들어오지 않는다.

2 생략

대학 한국어 I

듣기와 말하기

1판 1쇄 발행 2010년 7월 30일
1판 2쇄 발행 2012년 9월 30일

지은이 김경훤 · 이금희 · 신영지 · 배선애 · 현재원
펴낸이 김준영
펴낸곳 성균관대학교 출판부

등록 1975년 5월 21일 제 1975-9호
주소 110-745 서울특별시 종로구 명륜동 3가 53
대표전화 (02) 760-1252~4 팩시밀리 (02) 762-7452
홈페이지 http://press.skku.edu

ⓒ 2010, 김경훤 · 이금희 · 신영지 · 배선애 · 현재원

값 16,000원

ISBN 978-89-7986-843-2 14710
      978-89-7986-842-5 (세트)

* 잘못된 책은 구입한 곳에서 교환해 드립니다.